ENCICLOPEDIA JUVENIL PARA MENTES CURIOSAS

¿QUÉ TENEMOS EN LA CABEZA?

Título original: COSA C'È NELLA MIA TESTA?
Pierdomenico Baccalario y Federico Taddia con Luca Bonfanti
Ilustraciones: Claudia Petrazzi
© 2021 Editrice Il Castoro, S. R. L., Milano - www.editriceilcastoro.it
Los derechos han sido negociados a través de Körner Literary Agent – www.uklitag.com
Colaboración en la redacción del texto: Andrea Vico
Idea de Book on a Tree Ltd. www.bookonatree.com
Coordinación del proyecto:
Manlio Castagna (Book on a Tree),
Andreina Speciale (Editrice Il Castoro)
Edición: Maria Chiara Bettazzi
Coordinación editorial: Alessandro Zontini
Proyecto gráfico y maquetación: Chialab

Agradecimientos:
A Federico Luzzati, doctor en Neurociencia e investigador en el Neuroscience Institute
Cavalieri Ottolenghi (Universidad de Turín), por su asesoramiento científico; a Elisa Papa,
psicóloga infantil y juvenil, y a Maria Cristina Daniele, cirujana, por su colaboración.

© 2024 BOLDLETTERS, S. L. de la presente edición en castellano para todo el mundo
Ganduxer 5, Local 6 – 08021 Barcelona
www.bold-letters.com
info@bold-letters.com
Instagram:@boldletterseditorial
Traducción a cargo de Marià Pitarque (La Letra, S. L.)
Adaptación, corrección y realización en castellano: La Letra, S. L.
Este libro forma parte de la serie de Boldletters «Enciclopedia juvenil para mentes curiosas».

Primera edición: septiembre de 2024
ISBN: 978-84-18246-69-2
Depósito legal: B 15037-2024

Impresión: Unigraf, S. L.
Impreso en España

Esta edición utiliza papeles fabricados con fibras naturales, renovables
y reciclables a partir de maderas procedentes de bosques
que se acogen a un sistema de explotación sostenible.

PEFC

PEFC/14-38-00306

Pierdomenico BACCALARIO
Federico TADDIA

con Luca BONFANTI

¿QUÉ TENEMOS EN LA CABEZA?

Traducción de
Marià Pitarque

Ilustraciones de
Claudia PETRAZZI

ÍNDICE

¿CÓMO PUEDO PENSAR?

¡E h, tú! Sí, hablamos contigo.

Sabemos que nos has entendido. ¿Que cómo lo sabemos?

Porque tanto tú como nosotros tenemos un cerebro. Es esa cosa que tienes dentro de ti y que te hace pensar.

No sabemos en qué piensas, pero sabemos que lo tienes. Quizá estés pensando por qué estás leyendo estas líneas (y, por cierto, ¿quién lee?, ¿tú o tu cerebro?). O quizá pienses en qué otra cosa podrías hacer en vez de leer. Estás pensando en el futuro, o tal vez en el pasado. Hagas lo que hagas, siempre estás pensando.

¿Todos tenemos un cerebro?
Sí.
Y, entonces, ¿todos pensamos?
Sí.
¿Y pensamos las mismas cosas?
No.
¿Por qué?
El motivo es sencillo y, al mismo tiempo, muy complicado.

La parte sencilla de la explicación es que cada uno de nosotros tiene un cerebro, hecho más o menos de la misma manera: un montón de miles de millones de células especiales, que vibran constantemente debido a pequeñas señales eléctricas (no te preocupes, no te darán ningún calambrazo; se trata de señales imperceptibles en comparación con la red eléctrica de las casas).

El cerebro está dentro de tu cabeza y nunca se apaga, ni siquiera cuando duermes. Y tiene ramificaciones por todo el cuerpo.

La parte complicada es que, aunque todos nuestros cerebros parezcan iguales, miles de millones de diferencias microscópicas hacen que en cada uno de nosotros funcionen de manera diferente.

En principio, todo cerebro es capaz de aprender lo que sea, pero ninguno lo aprende todo.

Esta es la razón por la que no sabes nadar y sincronizarte como Gemma Mengual y Ona Carbonell, ni escribir como Shakespeare, aunque tú, Gemma, Ona y William tengáis el mismo cerebro. Igualito, igualito, pero también completamente diferente.

El cerebro no pierde la cabeza

El cerebro que tienes dentro de tu cabeza se llama *encéfalo*, que significa (¡agárrate!) 'dentro de la cabeza'. A él llega toda la información recogida por tu cuerpo y se convierte en pensamientos. Así, la información proviene de la punta de tus dedos («Oh, qué suave es esto»), de la lengua («¿Quién ha echado guindilla en la pasta?»), del corazón («¿por qué late tan rápido después de una carrera de tan solo nueve kilómetros?»), etcétera.

Ponte frente al espejo.

El cerebro está ahí, detrás de tus ojos. Es tu centro de operaciones. Ahora date un poco la vuelta: ¿ves tu espalda? Pues sí, tu centro de operaciones está conectado con el resto del cuerpo por una especie de autopista de pequeñas señales que viajan por el interior de tu columna vertebral.

Y por ahí es por donde pasa la médula espinal.

El cerebro y la médula espinal forman el sistema nervioso central, que no se llama así porque esté siempre enervado. Se llama *nervioso* porque está lleno de nervios que lo conectan con cada rincón de tu cuerpo. Se trata de cordoncitos formados por haces de fibras nerviosas, vasos sanguíneos, proteínas y otros componentes nutritivos, y que pueden activarse cada vez que sucede algo en su entorno. Los nervios están muy atentos, no se les escapa nada y, cada vez que se activan, generan información eléctrica

(una pequeña descarga) que viaja hasta la médula espinal, la cual la transporta hasta el cerebro, donde se procesa en lo que tú llamas *pensamientos*.

Los nervios diseminados por tu organismo forman el sistema nervioso periférico y actúan como si fueran muchos centinelas pequeños que vigilan una zona específica de tu cuerpo, envían información al centro de control y reciben sus respuestas.

«¡Picadura!» siente el nervio ubicado en el pulgar y envía información que alcanza la autopista de la médula espinal y sube hasta el cerebro, donde las neuronas la clasifican y la reconocen como dolor; luego, desde el cerebro, baja información que activa toda una serie de consecuencias.

Con gran facilidad, tu cerebro maneja los 752 músculos que tienes. Mientras lees, tus ojos se mueven, pero también estás moviendo un pie, los dedos y, mientras escuchas los ruidos a tu alrededor, tu corazón late, tus pulmones se inflan y desinflan y tu estómago está digiriendo, con cierto esfuerzo, la tarta de la tía Lucía (con extra de chocolate).

Tu cerebro guía diversas acciones que son completamente normales para ti, como caminar, correr y comer, pero que aprendió hace millones de años, gracias a tus antepasados, ellos fueron los primeros que las hicieron.

Normalmente, cuando el cerebro aprende algunas acciones, no las olvida: se dice que, una vez que aprendes a ir en bicicleta, siempre sabrás ir en bicicleta. Asimismo, una vez que aprendes a andar o a usar la boca para masticar, difícilmente lo olvidarás.

Los tunicados son animales que solo piensan una vez en su vida. Su aspecto es el de un tubo, a veces transparente, con un borde de color. Permanecen pegados a una roca, con la boca siempre abierta, esperando que pase algo de comida, para absorberla y digerirla. Usan su cerebro únicamente para buscar la roca adecuada y, una vez encontrada, se acabó lo que se daba: se adhieren a ella y apagan su cerebro para siempre.

Su majestad, la neurona

Tu cerebro está formado por unas células especiales: las neuronas. Gracias a ellas puedes caminar, mirar, escuchar, oler, tocar y, tras haberlo hecho, pensar en ello.

Así es: primero, actúas; después, piensas.

Primero, huyes del león, y después, piensas: «¡Hey, he escapado del león!».

Las neuronas guían todos tus pensamientos y todas tus acciones, ya sean voluntarias o involuntarias, instintivas o meditadas durante más tiempo.

No las tienes solo tú, sino también todos los animales, excepto las esponjas de mar. Así que, si no quieres pasarte la vida fregando platos como si fueras un estropajo, tienes que aprender a utilizar bien tus neuronas.

Que tienen esta pinta:

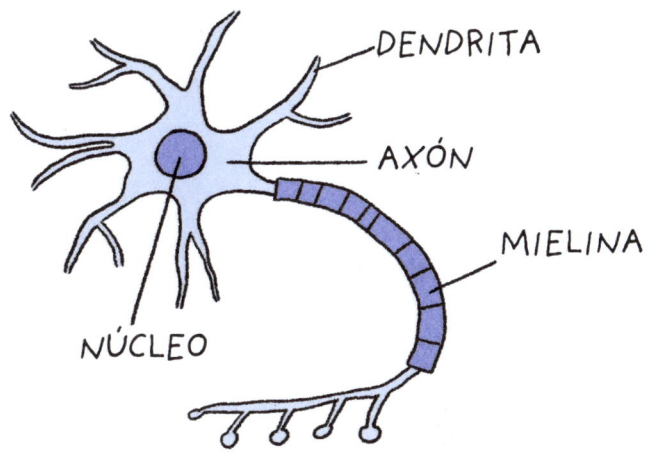

DENDRITA

AXÓN

MIELINA

NÚCLEO

La neurona es una célula y, como todas las células, tiene una zona central donde se halla su núcleo y su material genético. El núcleo es una especie de centro de operaciones y, por su parte, el material genético es el manual de instrucciones de funcionamiento. Lo que diferencia a las neuronas de otras células son esas largas prolongaciones que tienen alrededor y que parecen pelos revueltos o ramas. Se llaman *dendritas* y se extienden en todas direcciones: a veces, peludas; otras, casi calvas. Nunca son iguales en todas las neuronas y no crecen de la misma manera, pero tienen la misma finalidad: actuar como antena.

DES-CIFRAR

Entre las de la cabeza y las que están esparcidas por los nervios del cuerpo, tienes muchas neuronas: de ochenta a noventa mil millones, más o menos.

DENDRITAS

es una palabra griega que significa 'árbol'. De hecho, fuera del núcleo, las dendritas se entrelazan como ramas, en busca de una señal eléctrica, como los teléfonos móviles cuando buscan una red. Cuanto más fuerte es la señal, más se activan las dendritas.

Cuando una DENDRITA capta una señal, la transmite al axón (también llamado *neurita*). Esta es la parte de la neurona que la pone en contacto con la siguiente neurona. ¿Y qué transmiten de una a otra? Moléculas, pequeñas señales químicas especiales llamadas *neurotransmisores*. Normalmente, la membrana protectora de la neurona está cerrada, pero en la superficie dispone de orificios parecidos a tapas de alcantarilla o a tapones. Son proteínas que, al ser excitadas de la manera adecuada por una molécula externa, se abren y la dejan pasar al interior de la neurona. Justo cuando esto ocurre, se produce la transmisión de la información.

CRONOLOGÍA
Historia del cerebro
PARTE 1

Hace 540 mill. de años

Las neuronas más emprendedoras se organizan en grupos llamados *ganglios*. Aparece el primer cerebro auténtico, parecido al que hoy en día una mosca usa para volar.

Hace 600 mill. de años

Los primeros seres vivos provistos de neuronas son parecidos a las medusas. Sus neuronas intercambian señales y pequeños movimientos, con alguna actividad.

Hace 530 mill. de años

Evoluciona el cerebro de los demás seres vivos, a partir de las lampreas, criaturas acuáticas con forma de tubo; después le llega el turno a peces, anfibios, reptiles y aves.

Hace 170 mill. de años

Por último, aparecen los primeros mamíferos, de los que descendemos nosotros, *Homo sapiens*, llamados así porque pensamos.

Eres una cabeza de *sapiens*

Los mamíferos tienen dos características importantes: poseen el cerebro más grande de todos los animales y casi todo él se encuentra en la cavidad craneal, es decir, protegido por huesos. Se puede decir que, desde su aparición, las distintas especies de mamíferos compitieron para ver cuál tenía más cerebro (entendido como el encéfalo, el centro de operaciones de todo el sistema nervioso) y sabía usarlo mejor. Por tanto, ser competitivo es una aptitud que en la naturaleza se remonta a hace millones de años.

Los *sapiens* somos los homínidos con el cerebro más voluminoso, en proporción al tamaño medio de nuestro cuerpo.

Pero ¿por qué nosotros y no, por ejemplo, un caballo? Básicamente, hay dos razones para ello. La primera es la postura. La nuestra es erguida, con la cabeza bien equilibrada sobre la columna vertebral. En cambio, la cabeza del caballo sobresale hacia delante. Si esta es demasiado «pesada», es difícil de sostener y hace falta una cola muy larga para equilibrarla, especialmente cuando el animal está corriendo.

Con la postura vertical, mi cabeza descansa sobre el cuello y la columna vertebral y, luego, sobre la pelvis y las piernas: por tanto, puedo soportar fácilmente su mayor peso.

La postura erguida también permitió liberar las manos, y así fue posible desarrollar el pulgar oponible, por lo que tuvimos dos herramientas adicionales para usarlas de forma cada vez más sofisticada. Y ahora, por favor, ¡los dedos fuera de la nariz, te lo ruego!

La segunda razón para el gran tamaño del cerebro del *sapiens* es el lenguaje. Somos «animales sociales», hemos elegido vivir en comunidades, pequeñas y grandes. Con el paso del tiempo, las hemos ido construyendo y hemos perfeccionado ideas cada vez más específicas y complejas. No se trata solo de pequeñas soluciones para problemas pequeños ni se trata solo de instrucciones sobre cómo moverse y cazar juntos (como, por ejemplo, hacen los lobos o ciertas comunidades de monos, que son animales inteligentes, pero no tanto como nosotros). Al aumentar la complejidad de los conceptos, también hemos desarrollado el lenguaje.

SÍ, ¡PERO NO TODOS A LA VEZ!

¿CÓMO FUNCIONA EL CEREBRO?

magina que cada uno de tus pensamientos está formado por millones de micropensamientos más pequeños y que cada uno de estos micropensamientos se confía a una neurona. Como un inmenso puzle hecho de piezas: hasta que eliges todas las correctas, no tienes idea del resultado final. Pues resulta que dentro de tu cabeza tienes las piezas necesarias para componer cualquier resultado final.

Lo sé, parece complicado.

Pero no es lo que parece.

ES MUCHO más complicado que eso.

Las neuronas son tus piezas y, por suerte para ti, tienen muchas ganas de comunicarse entre sí, de encajar para formar puzles que sean lo más grandes posible (tus pensamientos, tus acciones), y estos, a su vez, en cuanto están terminados, quizá se desmonten, para crear otros de inmediato.

Las piezas se comunican entre ellas mediante neurotransmisores, las moléculas que tienen la misión de «encender» una neurona tras otra.

«¡Hey! —dice un neurotransmisor—. ¡Nos hace falta alguno que quiera moverse! ¿Con qué? ¡Con las piernas! ¡Así que quieres correr! ¡Exacto! ¿Quién controla las piernas? ¡Yo! ¿Y los pies? ¡Yo! ¿Y las manos y los brazos para mantener el equilibrio y no caer? ¡Yo, yo, yo!»

Y, para correr, ¿qué música ponemos?

Sea cual sea el motivo por el que decides correr y cómo vas a hacerlo (cuesta arriba, cuesta abajo, una carrera rápida o lenta, con o sin zapatillas de deporte, escuchando Spotify o solo el ritmo de tu respiración, como te plazca), en tu interior cada vez se activa el mismo mecanismo, un mecanismo químico que tiene lugar en dos fases:

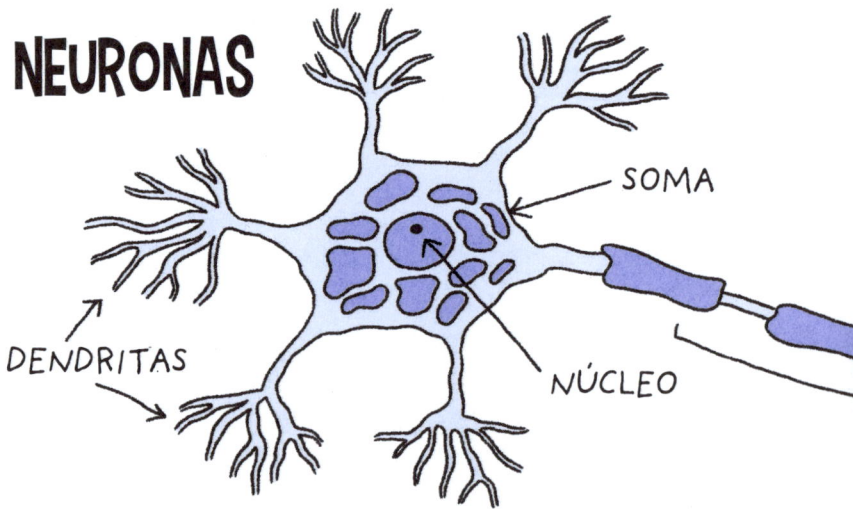

NEURONAS

SOMA

DENDRITAS

NÚCLEO

FASE A

En el exterior de la neurona hay agua, un poco salada, porque está llena de partículas de sodio. La membrana de la neurona es impermeable al sodio y las proteínas incrustadas en ella son como una tapa de alcantarilla cerrada.

Llegan los neurotransmisores, se dirigen a la tapa, la golpean y la abren. Entonces, todas las partículas de sodio que logran meterse pasan, velozmente, al interior de la neurona.

Si solo hay un neurotransmisor, la tapa se cierra enseguida y solamente entran unas pocas partículas que las bombas de seguridad del interior de la neurona expulsan de nuevo.

Sin embargo, cuando hay muchos neurotransmisores y, por tanto, la señal es urgente e importante, la tapa de alcantarilla permanece abierta más tiempo y entran muchas más partículas de sodio.

En ese momento se crea un campo eléctrico, una especie de descarga que sacude el axón, que hasta ese momento estaba muy tranquilo.

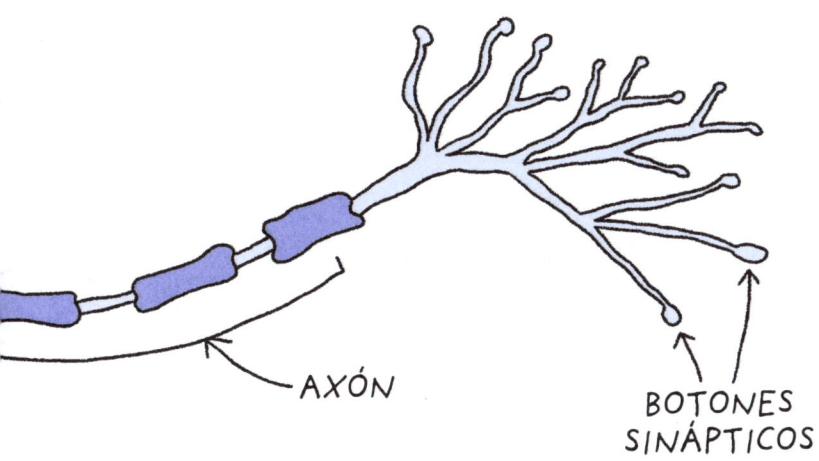

AXÓN

BOTONES
SINÁPTICOS

FASE B

El axón también tiene una membrana con proteínas que actúan como tapas de alcantarilla. Cuando llegan muchas señales eléctricas, el axón se excita y la descarga llega hasta su extremo, donde entra en contacto con la siguiente neurona. El punto de contacto se llama *sinapsis*, que en griego significa 'conexión, punto de contacto'. Básicamente, la descarga se propaga.

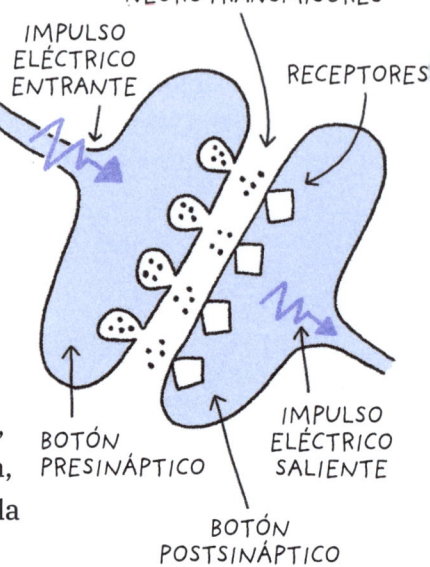

NEUROTRANSMISORES

IMPULSO ELÉCTRICO ENTRANTE

RECEPTORES

BOTÓN PRESINÁPTICO

IMPULSO ELÉCTRICO SALIENTE

BOTÓN POSTSINÁPTICO

Es como si las neuronas estuvieran jugando al pillapilla, gracias a los neurotransmisores que ayudan a que las descargas se propaguen.

Y, de esta manera, la señal emprende su viaje. Todo esto sucede en muy poco tiempo, en millonésimas de segundo, y se repite millones de veces cada instante de la vida de tu cuerpo.

Si no lo toco, no me lo creo

Así, el más mínimo pensamiento o movimiento es cuestión de pequeñas descargas de energía, de partículas químicas que se desplazan para enderezar los axones, y estos, a su vez, despiertan y estimulan otras neuronas... que activan otras neuronas.

Un estímulo tras otro, la información recorre todas las derivaciones de tu sistema nervioso periférico, llega a la central de la columna vertebral y sube hasta el cerebro.

Puedes imaginar los axones como el hilo de un collar, donde cada neurona es una de las cuentas ensartadas. Los axones mantienen la integridad de los flujos de información y algunos de ellos pueden ser muy largos: desde la punta del pie hasta la médula espinal y, de esta, al cerebro, junto con millones de otras señales. En estos flujos se transmite información de lo más dispar: mensajes de alarma (acabas de pisar un erizo de mar con el pie descalzo), de activación muscular (tienes que saltar si quieres chutar esa pelota), de relajación (tus ojos te dicen que acabas de alcanzar la mesa con la mano que sostiene el vaso y, por tanto, puedes depositarlo y soltarlo) y también mensajes agradables (¡mira qué bonito día!) o no tanto (¡menudo tufo!).

Un flan muy bien ordenado

El cerebro es el más complejo y misterioso de todos tus órganos. Hasta hace ciento veinte años, las ideas que se tenían acerca de su funcionamiento eran muy confusas. Mientras que muchos otros órganos, como el hígado, los riñones y los pulmones, ya habían sido «desmontados» de tal modo que ya se comprendían los mecanismos de su funcionamiento, el cerebro parecía tan solo un kilo y medio de una sustancia blanquecina y blanducha, como un flan.

Hoy, sin embargo, sabemos que está muy ordenado y organizado. Preparado de forma especial y específica, con una receta perfecta.

Cuando un amigo te toca el brazo o cuando escuchas tu música favorita, toda la información que recibes en ese momento no llega mezclada a tu cerebro. Cada tipo de información recorre una ruta determinada y solo esa: olores, sensaciones, recuerdos, previsiones, imágenes, cada una de estas «cosas» está en equilibrio sobre su axón, hasta que alcanza el cerebro y es captada por una zona bien definida de este, aquella que le corresponde.

Pues sí, puedes pensar en tu cerebro como si fuera una casa grande, con una habitación para cada uno de tus pensamientos y con muchas otras habitaciones vacías, listas para todo aquello que aún no te ha pasado por la cabeza.

DES-CIFRAR

El diámetro medio de una neurona es de 100 micras (una micra es la milésima parte de un milímetro). Pero hay neuronas diminutas, de 5 micras, y otras gigantes, de 200 a 300 micras.

La casa de todos tus pensamientos (y otras cosas)

El tálamo recibe los cochecitos cargados de información, que llegan a él tras haber recorrido la médula espinal, y los dirige a las siguientes habitaciones.

Parte de la información va a la habitación situada debajo del tálamo, que se llama *hipotálamo* ('debajo del tálamo') y que controla algunas actividades de las que ni siquiera te percatas, al menos hasta que se produce una reacción: por ejemplo, los mecanismos de las sensaciones de sed, hambre, calor y frío, o una tos o un estornudo involuntarios.

El tálamo se encarga de distribuir el resto de la información y cada una va a la región cerebral que mejor sabe interpretarla, darle la importancia adecuada y organizar una respuesta. Sin embargo, puede ocurrir que la información llegue a una región que no sepa organizarla; entonces, esta región la pasa a otra y así hasta que en algún lugar se entienda bien y pueda responderse a ella.

3

¿QUIÉN MANDA: YO O MI CABEZA?

Eres tu cabeza, y mucho más.

Tu cerebro es la sala de control de todas tus acciones, la sede de las emociones, el pensamiento, la creatividad y la inteligencia. ¿Eres tú el ser inteligente o lo es tu cerebro? Si no entiendes alguna cosa, ¿nunca la entenderás o hay alguna manera de lograrlo? ¿Eres tú quien siente las emociones o son ellas las que te ponen a prueba?

Todo lo que sientes proviene de una red de fibras sensoriales que parten de cada rincón de tu cuerpo. Tú funcionas por cable, no tienes wifi.

Y solo tú recibes y retransmites tu programa favorito: vivir.

¡Cuánta energía!

Recibir, interpretar y transmitir información consume energía. Y entre las primeras funciones de tu cerebro está la de no desperdiciar energía, es decir, no usar más del 10 al 15 por ciento de las neuronas a la vez. Sí, has oído bien: solo usamos un 10 por ciento de nuestro cerebro. Este dato es absolutamente cierto, pero hace referencia al 10 por ciento a la vez. Por tanto, no es verdad que no usemos todo el potencial de nuestro cerebro; lo que sí que es cierto es que no usamos todo nuestro cerebro al mismo tiempo.

Cuando vas en bicicleta, usas las neuronas para pedalear, mantener el equilibrio, ver los baches del camino, mirar el paisaje y charlar con tus amigos o tararear la música que escuchas a través de tus auriculares.

La responsable de una determinada función cerebral no es nunca una única neurona, sino su red, que funciona exactamente igual que Internet, un poquito cada vez, y lo ha hecho durante algunos millones de años.

DES-CIFRAR

Para funcionar, el cerebro consume 20 vatios de energía al día, lo mismo que una bombilla.

Los impulsos que las neuronas se intercambian gracias a los axones no son todos iguales, es decir, las señales eléctricas son muy diferentes entre sí, como una especie de lenguaje misterioso.

Algunos impulsos son más fuertes o intensos que otros y excitan las neuronas con más intensidad. Fíjate en todas las cosas que haces de forma instintiva, tan rápido

que ni siquiera piensas en ellas: por ejemplo, si alguien grita
«¡Tiburón!» y ves una aleta que emerge en el agua, te asustas
en el acto y huyes.

Y quizá haces bien: las acciones o las cosas que haces y
dices sin detenerte a pensar te pueden salvar la vida...
o hacer que cometas grandes errores. No obstante, en
ambos casos tu cerebro está contento porque ha gastado
muy poca energía.

Sin embargo, cuando debes pensar de forma compleja y
profunda, el cerebro necesita mucha más energía: las neuronas piden más oxígeno y, para proporcionárselo, el corazón tiene que bombear más sangre al cerebro. Si la actividad compleja dura demasiado, te sentirás cansado.

Tu cerebro prefiere usar pensamientos rápidos, razón por la que intenta esquematizar los pensamientos lentos que considera adquiridos. Si tienes que ir a visitar a un amigo por primera vez, piensas bien cómo puedes llegar sin perderte y, por tanto, prestas atención a cada detalle (pensamiento complejo). Después de haberlo visitado unas cuantas veces, harás el trayecto casi sin pensar en ello (esquema = pensamiento rápido).

Por tanto, cuando realmente quieres reflexionar sobre una situación, debes obligarte a pensar «lentamente», en lugar de dejar que tu esquema de atajos actúe rápidamente.

Por ejemplo, cuando ves esos bollos rellenos de crema que te encantan, de tu cerebro parten señales rápidas que hacen que tengas unas ganas irresistibles de comértelos y debes esforzarte un montón (un pensamiento lento complejo) para resistirte.

De igual manera funcionan la ludopatía, la ira o el miedo: tienes que darte la orden «¡Todos tranquilos!» para no actuar impulsivamente (y acabar rompiendo algo o huyendo sin motivo).

Un vistazo dentro del cerebro

Toda esta información sobre el cerebro se descubrió recientemente, porque, para obtenerla, había que examinar el cerebro de una persona viva (sin romperle la cabeza). Para ello, el primer instrumento fue el electroencefalograma: te colocan en la cabeza una especie de gorro de ducha, lleno de electrodos que, en contacto con el cráneo, son capaces de percibir la actividad eléctrica de su interior.

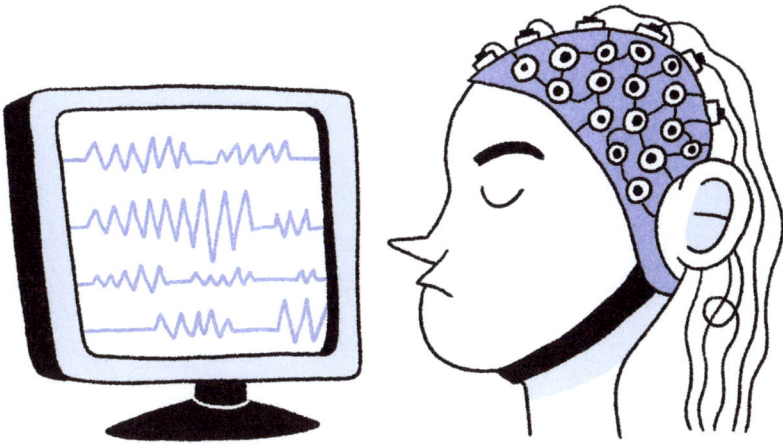

Hoy en día también se usa la resonancia magnética (RM), un examen que funciona así: te inyectan en la sangre una sustancia que actúa como «espía» y que permite comprender qué neuronas están más activas en ese momento, lo que determina qué células tienen un mayor consumo de oxígeno. Te tumban en el interior de una especie de roscón enorme, envolviéndote en un campo magnético (completamente inocuo), te hacen preguntas, algunas muy sencillas y otras más difíciles. De este modo es posible descubrir qué zonas se encargan de dirigir el razonamiento o qué le sucede a tu cerebro cuando usas tus sentidos o cuando te emocionas.

¿CÓMO FUNCIONAN LOS CINCO SENTIDOS?

¿Has estado alguna vez en un concierto de música clásica?

Tu cerebro es tanto la orquesta sinfónica como el director que hace que toque de forma coordinada y con la intensidad justa. Sus instrumentos principales son cinco: vista, tacto, gusto, olfato y oído.

La mayoría de los sentidos proviene de la actividad de partes específicas de tu cuerpo. La vista, de tus dos ojos, que tienen la capacidad de captar estímulos luminosos. Lo mismo ocurre con el oído: tus orejas pueden percibir los cambios en las ondas sonoras que te rodean, es decir, la vibración del aire. Para el olfato, necesitas la nariz, aunque la boca ayuda un poco, con determinadas moléculas. El gusto es el sentido que se activa cuando diferentes zonas de la superficie lingual interpretan las moléculas de lo que introduces en la boca. Mira a tu hermana pequeña, por ejemplo: no está mordisqueando tus juguetes favoritos solo para fastidiarte (vale, eso también), sino para entrenarse en distinguir qué es comestible y qué no.

Por su parte, el tacto está extendido por todo el cuerpo, aunque algunas zonas, como los dedos de las manos, son mucho más sensibles que otras.

Los ojos, un milagro tecnológico

Los ojos son la vía de entrada de los estímulos más importantes. Para procesarlos, nuestro cerebro usa la mayor cantidad de neuronas. Esta es la razón de que seamos de los pocos mamíferos con visión tricromática, es decir, con todos los colores.

Otros animales, como las águilas, son capaces de ampliar rápidamente una visión hasta el más mínimo detalle. Otros, como las mariposas, pueden «ver» la luz ultravioleta, y por su parte, las serpientes son capaces de ver la luz infrarroja para identificar el calor.

FUENTE

DETECTOR

OBJETIVO

Cuando una fuente cualquiera de luz llega a tus ojos y atraviesa la pupila, alcanza la retina, que es una especie de pantalla de proyección formada por células especializadas en la recepción de estímulos luminosos. La luz, a su vez, está compuesta por unas partículas llamadas *fotones* que caen sobre la retina como gotas de lluvia: a veces, pequeñas y esporádicas; a veces, abundantes; a veces, como un fuerte aguacero de luz.

«La imagen se forma sobre la corteza visual como un puzle.»

Cada célula que recibe un fotón activa la neurona a la que está conectada, la cual envía la información al axón correspondiente. La información luminosa entra así en el cerebro, hasta la habitación encargada de gestionar el ojo: la corteza visual.

Un fotón tras otro, sobre la corteza se forma, como un puzle, la imagen completa que el ojo ha captado. Y esto pasa miles de veces por segundo, con millones y millones de señales emitidas por tus ojos: en tu retina tienes unos cien millones de fotorreceptores (de los cuales, seis millones están dedicados únicamente a los colores) y un millón de fibras nerviosas que transportan las señales al cerebro, como si fuera una cámara de 590 megapíxeles.

PERO ¿LO ESTOY VIENDO?

A veces nuestro cerebro va demasiado rápido y nos hace creer que vemos cosas que en realidad no existen o nos hace pensar que son diferentes de lo que son en realidad. Se trata de *ilusiones ópticas*.

Mira el primer dibujo: ¿la línea violeta inferior es mayor, menor o igual que la superior?

Y, en el segundo dibujo, ¿cuál es la línea más larga?

Pues bien, si has pensado que la línea violeta inferior era más pequeña y que la línea del medio era la más larga, puedes decir que has experimentado una ilusión óptica. Sin embargo, cuando el cerebro aprende (quizá porque has medido las líneas), verás que, también para tus ojos, las líneas ya no parecen diferentes.

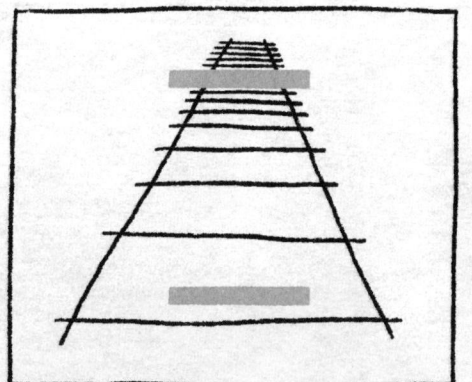

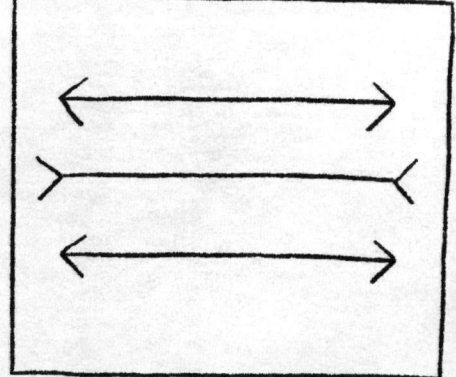

Tu cerebro, al reconstruir la imagen que estás viendo, parte de los contornos: los fotones que forman el contorno de una mano o de un libro. Lo primero que hace es reconocer las formas: la mano, el libro, una hoja de roble. Un rostro. Algunas formas son más frecuentes y, por tanto, más inmediatas; otras hay que observarlas unas cuantas veces para que el cerebro las memorice y las catalogue como formas conocidas.

Pruébalo tú con las hojas de los árboles: es posible que al principio solo conozcas un par de ellas, pero si te esfuerzas por aprender más, en cuanto las hayas memorizado las reconocerás en un pispás.

¿ME RECONOCES?

Hay personas, como, por ejemplo, Brad Pitt, que no pueden reconocer un rostro observando del 10 al 15 por ciento de los detalles, como hacemos todos. Este fallo en el funcionamiento del sistema nervioso se llama *prosopagnosia*. ¡Así que no te ofendas si Brad no te saluda!

Los otros sentidos localizados

El gusto, el oído y el olfato funcionan de la misma manera: las células especializadas en la recogida de información (amargo, dulce, salado, intenso o suave, etcétera) la comunican a las distintas zonas del cerebro, las cuales la procesan y te devuelven la sensación asociada a ella. Algunas personas tienen estos sentidos muy desarrollados, algunos más que otros, y también puede pasar que se hayan debilitado: en particular, suele ocurrir con el oído, que a menudo se pierde con la edad (y por esto a tus abuelos tienes que hablarles alto y claro).

Hay personas que entrenan sus sentidos gracias a su trabajo: un director de orquesta o un músico afinan el oído; una persona que crea fragancias, el olfato; un chef o un crítico gastronómico, el gusto. Y cuanto más los entrenan, más aprenden y más matices distinguen: imagina, por ejemplo, un cocinero que pueda reconocer diferentes variantes de picante en la lengua según los distintos tipos de chile. El olor del azúcar en una botella de vino o el regusto a corcho. O un músico y las diferentes vibraciones del aire de un violín o una viola.

Con el entrenamiento y el uso diario, los sentidos asocian a las diversas informaciones todo un conjunto de pensamientos, recuerdos y fantasías. Y por ello, basta con percibir determinado perfume o saborear una receta que no probabas desde hacía años para que se te revelen recuerdos que ni siquiera sabías que tenías.

El tacto

A diferencia de los otros sentidos, que están muy localizados, el tacto se extiende por toda la piel. Las terminaciones nerviosas son más abundantes en algunas zonas que en otras, pero todas funcionan de la misma manera. Si alguien te toca la nariz, se activará un pequeño grupo de sensores, específicos de tu nariz, que explicarán a tu cerebro las sensaciones relativas única y exclusivamente a esa zona.

Las zonas más sensibles son la mano, sobre todo, las yemas de los dedos, y los labios (no es casualidad que nos besemos).

Para probar tu tacto, toma una moneda y, con los ojos cerrados, colócala en tu antebrazo. Probablemente notarás una sensación de frescor y, un poco, el tamaño del objeto. Pero cuando la toques con tus dedos, de repente, podrás evaluar su tamaño, su peso, sus detalles y contornos. Todo está controlado por la zona de tu cerebro dedicada a los estímulos cutáneos, que a su vez se divide en zonas más pequeñas: los pies, las pantorrillas, la espalda, el abdomen, el cuello, los diez dedos de las manos... Cada una tiene su espacio para comunicar calor, frío, placer y molestia.

MONEDA, REPITO, MONEDA.

La mano, una joya

Tus manos son las que guían el tacto. Son un verdadero milagro de la evolución y también la máquina herramienta más extraordinaria del mundo. No hay ningún robot que pueda imitarlas.

Una mano está formada por 29 huesos e igual número de articulaciones, 35 músculos, más de cien tendones y varios miles de nervios. Las falanges no son combadas, como en los grandes simios, sino rectas y con una yema muy sensible: las diez yemas de los dedos contienen más de diecisiete mil terminaciones nerviosas.

El pulgar es tu dedo más robusto y requiere nueve músculos y tres nervios especializados.

Tu mano es un instrumento de apoyo o de sujeción, de gran precisión, capaz de realizar movimientos muy finos o de actuar con gran energía. Ejecuta órdenes bien definidas y aprende nuevas órdenes constantemente. Explora, analiza objetos y materiales con los que entra en contacto y recopila continuamente millones de datos. Puede sentir la presión más ligera (como un soplo de viento) y un intervalo muy amplio de temperaturas. Por sí solas, entre las neuronas sensoriales y las motoras, tus manos representan casi una cuarta parte de toda la actividad cerebral (del 22 al 23 por ciento).

Digamos que eres lo que sabes hacer con tus manos.

DES-CIFRAR

Desde hace más de dos millones y medio de años, las manos son tal como las ves. ¡Una edad respetable!

De un puñetazo en la mesa a acariciar a un gato, del movimiento milimétrico del orfebre que cincela un anillo al lanzamiento de una pelota de baloncesto para hacer canasta, las manos son preciosas e importantes. Son sorprendentes y misteriosas.

Casi tanto como tus recuerdos.

Otro de tus grandes tesoros.

INTENTA VIVIR SIN PULGARES

Haz este experimento: dobla el pulgar sobre la palma de tu mano y sujétalo con dos o tres vueltas de cinta adhesiva suave, para no hacerte daño. Con la ayuda de un amigo, haz lo mismo en la otra mano. Ahora intenta ir así por casa durante una hora, y entenderás para qué sirven los pulgares oponibles.

¿CUÁNTAS COSAS HAY DENTRO DEL CEREBRO?

Más que una casa, se trata de un gran hotel, en el que los científicos han identificado al menos trescientas sesenta habitaciones principales (a menudo, con otras habitaciones en su interior), ciento ochenta a un lado y ciento ochenta al otro, separadas por un largo pasillo llamado *cuerpo calloso*.

Vistos desde fuera, los dos hemisferios de tu cerebro son idénticos, gemelos, casi completamente simétricos, pero las cosas que suceden en el derecho no son las mismas que suceden en el izquierdo, y viceversa. Algunas funciones se llevan a cabo a la vez: por ejemplo, responder a los sentidos, ver y oír, pero, sobre todo, el movimiento de una mano y el tacto.

IZQUIERDO

MENTE RACIONAL

LÓGICA
ANÁLISIS
NÚMEROS
LENGUAJE
RAZONAMIENTO
CONSECUTIVO
PALABRA, ESCRITURA
CONOCE ESPACIO Y TIEMPO
SE SIENTE UN YO SEPARADO
NO TIENE EMOCIONES

Derecho

MENTE IRRACIONAL

MÚSICA
DISEÑO
CREATIVIDAD
IMÁGENES
COLORES, RITMO
VISIÓN DE CONJUNTO
INTUICIÓN INMEDIATA
PENSAMIENTOS FANTÁSTICOS
NO CONOCE ESPACIO NI TIEMPO
AMA, ODIA, RÍE Y LLORA

Sin embargo, otros aspectos están controlados únicamente por el hemisferio derecho: la música, los colores, los pensamientos abstractos.

O por el izquierdo: los números, el habla, el lenguaje.

Y, por último, para complicar un poco las cosas, el hemisferio izquierdo se ocupa de todos los movimientos del lado derecho del cuerpo, y viceversa.

Cada hemisferio se divide en lóbulo frontal (la frente y la mitad anterior de la cabeza), lóbulo parietal, es decir, la mitad posterior de la cabeza (la más alta, donde generalmente tenemos algo de «chepa»), lóbulo temporal (toda la zona alrededor de las orejas) y lóbulo occipital (la nuca).

VERDADERO O FALSO

¿Usan el cerebro de distinta manera las estrellas de rock?

VERDADERO. En la década de 1970 se descubrió que en la gente «corriente» la música se «elabora» en el hemisferio derecho, mientras que en los grandes músicos o críticos musicales se «elabora» en el izquierdo.

El cerebelo se encuentra en la parte superior del cuello, debajo de los lóbulos occipitales de la llamada *corteza cerebral*.

En cada hemisferio hay regiones encargadas de decidir movimientos y pensamientos, y en cada una de las regiones, zonas aún más específicas. Por ejemplo, en la región del lenguaje, hay una pequeña zona que solo se activa al escuchar historias. En la zona de la vista, hay neuronas que se encargan de disfrutar de un paisaje (campo de visión abierto) y otras que prefieren el detalle (¿cómo se arregla la cremallera de la chaqueta?).

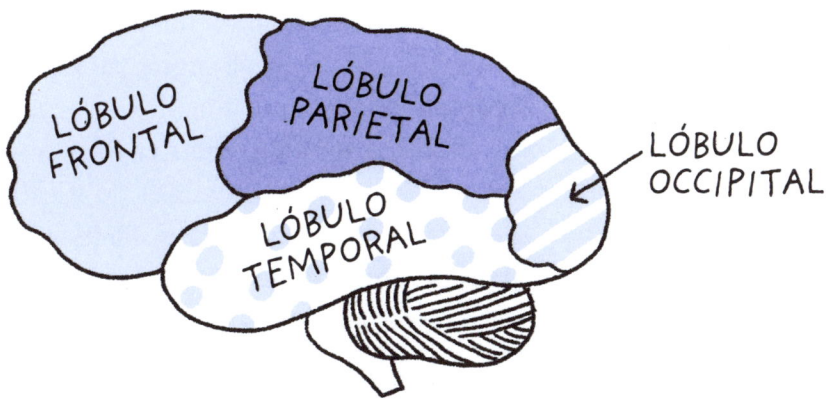

Pero cuidado.

En la actualidad, todo lo que sabemos es que se activan ciertas zonas, pero no sabemos por qué. Hemos descubierto que los pensamientos abstractos, los artísticos, se hallan sobre todo en el hemisferio derecho del cerebro, y por su parte, los lógicos y matemáticos, en el izquierdo, pero no tenemos ninguna receta para ser más creativos ni para mejorar nuestras habilidades de cálculo.

La parte más antigua del cerebro

La parte más antigua de tu cerebro se llama *sistema límbico* y está formado por la arquicorteza, la paleocorteza y la mesocorteza, tres zonas por las que vagan tus necesidades primarias (las que tienes sin saber por qué ni desde cuándo), unas necesidades que has heredado porque desciendes de antiguos cazadores: la necesidad de hacer latir el corazón, la necesidad de comer, de beber, de tener actividad sexual, de reaccionar en caso de peligro, incluso del que no eres consciente (el sistema límbico es el primero en percibir un posible virus en el aire y en activar tu sistema inmunitario).

¿Existe alguna razón concreta por la que en un momento dado miras a tu alrededor y dices: «Tengo hambre» o «Tengo sed»? No. Todas estas son cosas de las que se ocupa el sistema límbico: en su reino se recoge información muy diferente e inconexa, que ni siquiera percibes de forma consciente y que se ordena según su prioridad. La falta de agua en algunas partes del cuerpo genera una señal de alarma que activa la sensación de sed... y terminas bebiendo.

UN CEREBRO EN DESARROLLO

Desde el punto de vista biológico, los chicos están a punto de convertirse en adultos y de ser autónomos físicamente cuando llegan a los quince o dieciséis años (las chicas, a los trece o catorce), pero por lo que respecta al desarrollo cerebral, el crecimiento de la corteza prefrontal se detiene entre los dieciocho y los veinte años.

Desde el nacimiento hasta los doce o catorce años, el cerebro cambia constantemente. Cada día se forman nuevas sinapsis y el cerebro, como una planta regada con estímulos, se adapta a las circunstancias de la vida y crece fuerte y listo para todo. Hoy tu cerebro está adaptado a la pantalla táctil; el de tu bisabuelo lo estaba a manejar un hacha y conducir un carruaje y, el de tus antepasados de hace diez mil años, a intuir el peligro inminente y arrojar una lanza. El cerebro es el mismo, pero adaptado a hacer lo que ha aprendido y a lo necesario en ese momento.

Cuatro sentidos que nadie conoce

Lo más probable es que nunca hayas oído hablar de ellos, porque tienen nombres impronunciables: termocepción, nocicepción, propiocepción y equilibrio. Empecemos por los tres más misteriosos.

Termocepción

Es la capacidad de sentir y evaluar la temperatura de tu cuerpo y la exterior. En tu piel tienes receptores específicos, algunos encargados de «sentir el frío», que se activan a temperaturas de 5 a 40 °C; otros «sienten el calor» y se activan a temperaturas de 29 a 45° C. Fuera de estos intervalos, se activan otros receptores, que en primer lugar te indican un malestar, y luego, dolor.

Estos receptores son muy sensibles y también funcionan a distancia: por ello, no es necesario que toques una estufa encendida para notar que está caliente ni tampoco tienes que meter la mano en el congelador para sentir el frío. Este sentido te permite mantener la termorregulación de tu cuerpo y, simplemente, decidir qué te pones antes de salir.

¿NO SE TE HABRÁ ROTO LA TERMOCEPCIÓN?

Nocicepción

Es el sentido del daño y del dolor. Los nociceptores lo transmiten siempre que existe riesgo de que algún tejido de tu cuerpo pueda deteriorarse. Algunos se activan mecánicamente con la presión, como cuando te diste ese martillazo en el dedo o esa vez que la tía Lucía te pisó un pie con sus botas militares. Otros se activan químicamente, como cuando tocas una sustancia ácida que te quema la piel.

También hay nociceptores que se activan porque te estás quemando con una olla caliente o con un trozo de metal congelado.

Este sentido está relacionado con las emociones, en especial con el miedo, la ansiedad o el pánico, y suele dejar huella en tu memoria. Una vez que te hayas quemado o lastimado haciendo algo, no solo intentarás no volver a hacerlo (para evitar el dolor), sino que también te disgustará ver que alguien se lastima de la misma manera (porque hace que te acuerdes de ello).

HO-HOLA, TÍA LUCÍA.

Propiocepción

Con los ojos cerrados, ¿puedes tocarte la nariz con un dedo? ¿Y cruzar las piernas?

Si puedes hacerlo es gracias a los propioceptores, unos sensores que te permiten saber cómo está dispuesto tu cuerpo sin que tengas que verlo ni sentirlo. Es tu sentido del movimiento, de la postura y de control del cuerpo, que hace posible que te muevas con la percepción del espacio que ocupas.

La propiocepción es un sentido que funciona en paralelo al equilibrio, gracias a muchos sensores repartidos por todos los músculos, tendones y articulaciones, de los cuales los más importantes son los de la planta de los pies. Quizá por eso se dice que las personas fiables tienen los pies en el suelo.

COSAS DE ADOLESCENTES

Uno de los momentos más críticos para la propiocepción es la adolescencia, cuando tu cuerpo cambia muy rápidamente y a tu cerebro le cuesta tener el control espacial completo de todos tus movimientos, especialmente los de tus brazos y piernas (y por eso chocas con todo). Esto se debe a que la imagen corporal que tienes en tu interior ya no se corresponde exactamente con la real. La práctica deportiva te ayudará tanto o más que pasar el tiempo delante del espejo.

¿CÓMO ESTOY?

Equilibrio

En el interior del oído hay una región que te sirve para mantener el equilibrio: el *vestíbulo*. Si padeces vértigo, la culpa es de tu vestíbulo, que hace que te dé vueltas la cabeza, te lata el corazón y sientas náuseas. Nada que ver con los que tienen miedo a las alturas: esa ansiedad y esa angustia debes combatirlas con una buena dosis de coraje e intentando «pensar despacio».

Tu oído interno, por su parte, te hace percibir la fuerza de gravedad, la aceleración lineal (la que sientes en el coche, cuando tu madre acelera como si no hubiera un mañana porque llegáis tarde) y esa sensación tan particular de estar cabeza abajo en un parque de atracciones.

6

¿CÓMO SÉ LO QUE PIENSAN LOS DEMÁS?

En la mesa, entre tu abuelo y tú, hay un vaso de agua. Tu abuelo lo coge por un lado y lo levanta. Luego, vuelve a dejarlo sobre la mesa y, esta vez, lo coge por arriba, moviendo sus dedos como una de esas grúas que agarran los coches en un desguace.

En el primer caso, ¿qué has pensado? Con toda probabilidad, que tu abuelo quería beber. En el segundo, seguramente no.

¿Por qué? Porque, desde pequeña, has visto muchas veces cómo coge tu abuelo el vaso cuando quiere beber. Has acumulado una y otra vez la experiencia de ese gesto, que siempre «termina» de la misma manera.

Tu observación, repetida a lo largo del tiempo, ha creado una comunión de ideas entre tu abuelo y tú.

Es algo que ocurre en muchas circunstancias diferentes.

Aunque nunca te hayas hecho daño en un pie, puedes entender que si te cae un peso sobre él, te duele, porque has visto a muchas otras personas lamentándose. Y, curiosamente, no es necesario que hayas presenciado tal experiencia:

basta con haberlas visto en un vídeo o en los dibujos animados o haberlas imaginado en una historia que has leído.

El tuyo (o el de tu abuelo) no es un proceso del todo racional: es una «resonancia». Y no solo te resuena a ti: de una u otra forma, todos los animales lo tienen.

Un grupo de científicos de la ciudad italiana de Parma usó dos pinzas distintas para realizar un experimento: una normal y otra para caracoles (un accesorio de mesa muy popular en Francia, donde se pirran por los caracoles).

Si con la pinza normal primero tienes que abrir la mano para separar la pinza y, luego, la cierras para apretarla, con la de caracoles, al contrario, primero aprietas la pinza para abrirla y, luego, la sueltas para cerrarla sobre la concha.

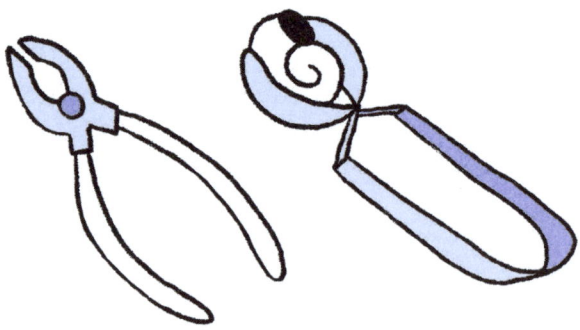

Los científicos enseñaron a algunos macacos (uno de los primates con el cerebro más parecido al de los seres humanos) a usar las pinzas. Aprendieron a usar los dos tipos de pinzas, tanto las normales como las pinzas para caracoles.

Su cerebro se activaba de manera diferente dependiendo de si usaban las pinzas para agarrar comida o por cualquier otro motivo. Pero cuando se usaban para comer, se activaba de la misma manera fuera quien fuera el que estuviera comiendo: el mono con las pinzas en la mano, el investigador u otro mono.

Si el científico hacía una «finta», como llevar la comida hacia la boca y luego desviar la mano para evitar comérsela, el cerebro del mono se desactivaba al acto.

¿No te ha pasado alguna vez que, al ver a un amigo que iba a meter la mano en un envase gigante de palomitas, en ese mismo instante, has notado que la boca se te hacía agua, como si estuvieras tú a punto de comerte esas palomitas?

¿Lo ves? Eres exactamente como el macaco de Parma: acabas de activar tus neuronas espejo.

Las neuronas espejo

Las neuronas espejo son en realidad muy «antiguas», casi primitivas, y sirven para aprender cosas viendo cómo las hacen otros o cómo les ocurren a otros. Son auténticos mecanismos «mímicos», es decir, de imitación del comportamiento de los demás. El cerebro de los niños es el mejor a la hora de copiar enseguida los comportamientos que ven. Así que cuidado con tu hermanita.

Entre ellos, el más clásico (y también el más misterioso) es el bostezo. Si ves que alguien bosteza, tú también lo haces. Pero no solo eso.

Mira este dibujo:

¿No te ha dado ganas?

Bostezos aparte, las neuronas espejo son muy útiles para reaccionar ante diversas situaciones, como peligros y amenazas. Si un abusón le muestra el puño cerrado a uno de tus compañeros de escuela, tus neuronas espejo también se activan.

¿A cuántos metros de ti sucede esto? Cuanto más cerca, más se agitan las neuronas espejo, como si ese puñetazo estuviera a punto de impactar en ti.

Las neuronas espejo sirven para evaluar el comportamiento de los demás y tomar decisiones.

Cuando tu hermanita era aún más pequeña, todos le regalaban grandes sonrisas. Y el día que tu tío apareció por primera vez en casa, luciendo esa barba aterradora tan suya, y le dedicó una sonrisa, tu hermana no se asustó para nada. ¿Por qué? Porque sus neuronas espejo le decían: *sonrisa = todo va bien*. Incluso con un tío barbudo.

Pero tú, a fuerza de ver películas con tipos barbudos muy peligrosos, tenías las neuronas espejo orientadas justo al contrario.

Lo interesante es que las neuronas espejo funcionan en todos los rincones del mundo: la sonrisa no necesita traducción, porque es una forma ancestral de comunicación. Al menos tanto como el bostezo.

PRIMERO TE ASUSTO Y LUEGO JUGAMOS

Antes de cada partido, los jugadores de la selección neozelandesa de *rugby* (los All Blacks) bailan una danza tradicional típica: la *haka*. ¿Están locos de remate? No: intentan intimidar al rival y, muy a menudo, lo consiguen.

En tu pellejo

EMPATÍA deriva
del griego ἐμπάθεια
(*empátheia*, 'sentir
dentro'), porque quien
tiene gran empatía
puede imaginar y, por
tanto, sentir lo que
siente otro ser vivo.

Así como la simpatía y la antipatía están ligadas al conocimiento, a una relación que ya ha comenzado y que hace que nos llevemos bien o que discutamos, gracias a las neuronas espejo, los seres humanos y muchos animales (en especial, los mamíferos) aprendemos a relacionarnos espontánea y rápidamente con nuestros semejantes. Este fenómeno se llama EMPATÍA y existe (o no) incluso antes de que empiece la relación.

La empatía es, por tanto, la capacidad de dedicar tu atención a otra persona, dejando de lado tus preocupaciones y pensamientos. Y es más o menos intensa en función de lo capaz que seas de interpretar las señales que te llegan de los demás. ¿No te has dado cuenta de lo triste que está ese perro? Hazle una caricia ahora mismo.

Para desarrollar la empatía no hay nada mejor que el contacto cara a cara o, en todo caso, una forma de intercambio social en la que las personas puedan al menos verse. Una videollamada es más útil y te entrena mejor en la comprensión de las emociones ajenas que un simple chat de texto.

Y es muy importante que, desde muy pequeños, los niños estén en contacto con otras personas (cuantas más, mejor) y puedan entrenar la observación de sus conductas. Y también la capacidad de recordar.

¿QUÉ RECUERDO CUANDO ME ACUERDO DE ALGO?

Casi nos olvidamos de esta pregunta. Ahora bien, por otro lado, la *memoria* no existe...

Y con ello queremos decir que aún no se ha identificado ningún lugar exacto en nuestro cerebro encargado de acumular tus recuerdos, como si se tratara de una biblioteca con los volúmenes que has leído.

Lo que denominamos *memoria* es un concepto general que engloba información variada que nuestro sistema nervioso recopila y a la cual da mucha importancia.

Por ejemplo: si pones aquí la mano, te quemarás. Pruébalo. ¿Lo ves? Te has quemado. ¿Quieres probarlo de nuevo? Pues te has vuelto a quemar. ¿De verdad piensas probarlo por tercera vez o tus nociceptores te han ayudado a memorizar cómo acabará la cosa?

Tu memoria no es un almacén.

Es una forma de reunir las cosas que tienes alrededor.

Piensa en tu colección de canciones: están todas en tu ordenador, ordenadas según el criterio que prefieras, quizá por el nombre de los cantantes o tal vez por fecha.

Tu cerebro no funciona así. Como recibe constantemente millones y millones de piezas de información, en el momento en que quieres recordar algo (por ejemplo, el título de una canción), activa toda una red de pequeñas piezas de información asociadas a ese recuerdo: dónde escuchaste ese mismo sonido, esas palabras, qué sentiste, si te gustaron o no, y el día en que te preguntaron qué canción era y respondiste... ¡el nombre de la canción!

Pero todo este proceso es tu nueva creación, una creación que te ayuda a llegar al nombre de la canción y, al mismo tiempo, a construir un recuerdo desde cero. Un NUEVO recuerdo.

Por eso, si cuentas siempre el mismo episodio, también lo modificas un poco. Y por esta razón, cada uno tiene un recuerdo diferente de cosas que son, aparentemente, iguales. Si tu mejor amiga y tú asististeis a un concierto de Taylor Swift, vuestra cantante favorita, recordaréis esa velada de una manera completamente diferente. Tú, determinada canción; tu amiga, a ese chico de pelo rizado que derramó el vaso sobre sus zapatos.

«La memoria es una forma de reunir las cosas que tienes alrededor.»

Lo que haces es darte la orden de intentar recordar, a ver qué sale, un poco como si te pusieras a rebuscar en el desván, entre montañas de trastos viejos.

La orden parte del hipocampo, que no es un pequeño animal acuático con forma de caballo, sino tu bibliotecario de los recuerdos. Si lo consigue, genial.

De lo contrario, no hay nada que hacer: acabas de olvidar algo.

O has tenido un lapsus.

¿Cómo?

¿Quién?

Intentemos empezar por las cosas fáciles.

Recuerdos lejanos y recuerdos recientes

Todos albergamos buenos recuerdos.

Y tratamos de olvidar los malos.

El mismo acto de deleitarse con los recuerdos es la forma de mantenerlos vivos dentro de tu cerebro: no hay nada de malo en volver a mirar las fotos. Te parecerá que muchas cosas han cambiado. Y así es, pero en tu interior.

Posees una memoria a corto plazo que guarda información útil durante unos segundos o durante un período breve. Si vas en bicicleta a la escuela todos los días y la dejas en la calle con un candado, todos los días debes recordar dónde la has dejado esa mañana, pero no todos los lugares donde la dejaste durante el último año.

Y después tienes una memoria a largo plazo, que es potencialmente ilimitada, con la que puedes revivir incluso los recuerdos lejanos, de varios tipos.

Recuerdos semánticos. Formados por la información más general sobre ti y tu mundo, lo que has aprendido en casa (la educación recibida de tus padres), en la escuela (sí, incluso Napoleón) y en los lugares donde has crecido (ese árbol al que una vez trepaste).

Recuerdos emotivos. Están asociados a las experiencias con otras personas, a las emociones que has sentido, las buenas (el primer beso, una medalla en el último campeonato de natación...) y las malas (los nervios antes del primer beso, cuando en el penúltimo campeonato de natación te olvidaste de quitarte el albornoz antes de lanzarte a la piscina).

Recuerdos procedimentales. Son los gestos que tus músculos han aprendido a hacer y, con ellos, tu cuerpo: ahora pedaleas que da gusto, pero al principio te caías cada dos por tres. Si no has ido en bicicleta desde hace años, al principio te sentirás torpe, pero luego tu memoria se encargará de recuperar todos los gestos necesarios.

Recuerdos episódicos. Son aquellos agrupados en torno a determinado episodio o aspecto de tu vida: los compañeros de clase, los amigos de verano, la panadería donde compras los bollos del desayuno. Conoces muy bien la cara de la dependienta que te los sirve, ya que la saludas cuando entras. Si te la encuentras por la calle, en tu ciudad, la reconocerás al instante. Su rostro está asociado al episodio «desayuno». Sin embargo, si te la encuentras en Berlín, tardarás mucho más en comprender quién es y por qué te resulta familiar.

LOS FALSOS RECUERDOS

Si has visto *Blade Runner*, sabrás que una de las grandes preocupaciones de los replicantes es que no pueden confiar en sus recuerdos, porque han sido programados de esa manera. Como ellos, también tú puedes tener la sensación genuina de haber vivido una situación o de haber hecho o sufrido una acción, aunque esto no sea cierto. No es culpa tuya: es un defecto de todos nosotros, llamado *sesgo cognitivo*. A veces es muy fuerte; otras, más suave. Así, es posible que hayas escuchado a un amigo tuyo contar una historia que tú le contaste, de una manera tan vívida que parece haberle pasado a él. Si la cuenta varias veces, acabará creyendo que realmente le pasó a él.

¡TE JURO QUE HE VISTO MI CEREBRO Y QUE HEMOS HABLADO!

La sugestión de los recuerdos

¿Se puede entrenar la memoria? Obviamente, sí. Cuanto más la usas, más memoria tienes. Pero no basta con usarla: también tienes que estructurarla, darle un armazón. Antes de tener tantos cómics, necesitas estanterías para ordenarlos. Los de DC por un lado, los de Marvel por el otro. Los manga al fondo, para que tu hermanita no los vea, y los de Mickey Mouse delante, listos para ella.

Tu memoria es más potente cuanto más la organizas y cuánto más piensas que lo es. La sugestión es muy importante.

Hace unos años, la Asociación Británica de Psicología hizo un experimento.

A un grupo de personas se les propuso participar en un programa para mejorar su memoria y, a otro, en un programa para tener más autoconfianza.

Sin embargo, en secreto, intercambió los dos programas, de modo que quienes creían seguir el curso de memoria en realidad siguieron el de autoconfianza, y viceversa. Al final de los cursos, los miembros de ambos grupos se sintieron más seguros de sí mismos y convencidos de que habían aprendido unos trucos de memorización excelentes.

En cualquier caso, el mejor truco es dormir bien, a tu edad, al menos 9 horas al día: el sueño te ayuda a construir unos estantes perfectos para tus recuerdos.

La importancia de olvidar

Olvidar cosas no solo no es malo, sino que además es muy importante. Te sirve para elegir exactamente cuánto tienes que recordar: si recordases todos, absolutamente todos los postes a los que ataste tu bicicleta cada vez que has ido a la escuela, al salir hoy a buscarla podría pasar que no la encontrases.

Hay tipos de información que no tiene sentido retener y otros recuerdos que olvidas porque están asociados a algo negativo o espantoso.

Cuando la pérdida de memoria es más grave, hablamos de *amnesia*: se han hecho muchas películas acerca de los diversos tipos de amnesia que pueden sufrir las personas. Algunas son consecuencia de un traumatismo: durante unos segundos, el cerebro, o una parte de él, no recibe el oxígeno necesario y esto puede causar lagunas de memoria.

Otras amnesias aparecen tras un trauma psicológico, desencadenado por situaciones especialmente dolorosas y violentas: un accidente terrible, un secuestro, una agresión. Nuestro cerebro reacciona en modo de autodefensa y bloquea esos recuerdos para evitar que los revivas. En vez de reescribir el recuerdo, lo guarda en un cajón e intenta tirar la llave.

Si la memoria es un misterio, lo contrario, el olvido, aún lo es más.

> **«Tras situaciones dolorosas, el cerebro puede decidir bloquear esos recuerdos.»**

Después de siglos estudiando los recuerdos, realmente no podemos explicar cómo olvidamos, ni cuándo ni cuánto decide olvidar el cerebro.

Y eso, si lo piensas bien, es todavía más fascinante.

JILL PRICE, LA MUJER QUE RECUERDA TODO

Quizá tu madre tenga un talento diabólico para recordarlo todo, pero Jill Price se acuerda perfectamente de todos los días de su vida desde que tenía 14 años (y ahora tiene 54). Jill sufre una enfermedad llamada hipertimesia, que significa 'exceso de recuerdos' y le confiere una memoria autobiográfica superior a la media.

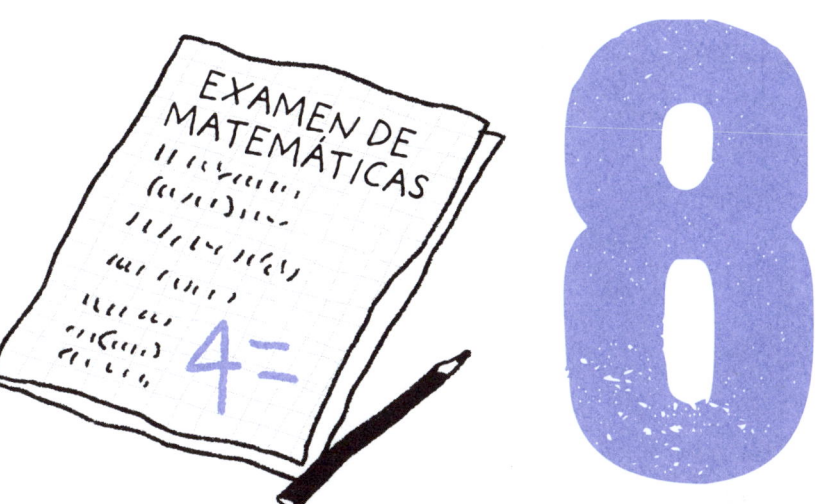

¿POR QUÉ HAGO DETERMINADAS COSAS DE DETERMINADA MANERA?

nstinto, intuición, impulso.

Parecen cosas fáciles.

Querrías salir corriendo cada vez que está a punto de empezar el examen de matemáticas, tal como, durante miles y miles de años, tus antepasados huían cuando veían moverse un arbusto. Quizá el león estuviera ahí una vez de cada diez mil, pero paciencia: más valía huir.

Pero si huyes sacarás una mala nota.

La diferencia entre hombres y máquinas (al menos, en el momento en que estamos escribiendo) es un poco esta: un ordenador nunca tendría miedo de un examen de matemáticas y, al ver un arbusto que se mueve, calcularía las probabilidades de que hubiera realmente un león detrás. Y, tarde o temprano, siempre que el león estuviera interesado en mordisquear un ordenador, acabaría devorado.

¿Entonces?

¿Es mejor el instinto o el razonamiento?

Quizá ambos.

El instinto de Darwin

¿Me caso o no?

Este era el dilema de Charles Darwin, que acababa de regresar a Inglaterra tras su largo viaje alrededor del mundo. El instinto le decía: «Cásate con Emma enseguida. Nunca encontrarás a otra mujer como ella. Emma, entre otras cosas, te aguanta».

Pero él, en cambio, antes de pedirle la mano, intentó comprender si casarse con ella era o no una elección correcta desde un punto de vista racional.

Se imaginó casado y, en la primera columna de una hoja

de papel, anotó una lista de los pros y los contras que le vinieron a la cabeza.

Entre los pros escribió: «hijos», pero también «una fiel compañera», «música y charla femenina».

Entre los contras: «visitas de los familiares: terrible pérdida de tiempo».

Luego intentó imaginarse viviendo solo y escribió una lista de pros y contras en una segunda columna.

Entre los inconvenientes, escribió: «nadie que cuide de mí en la vejez», mientras que en la lista de las numerosas ventajas incluyó: «libre de ir a donde quiera», «sin obligación de visitar a familiares» y muchas otras cosas.

En resumidas cuentas, el resultado estaba claro: la opción «no casarse» ganaba claramente.

Y así fue como Charles Darwin, uno de los científicos más importantes de la historia de la humanidad, como consecuencia NO lógica de lo que había anotado, se casó el 29 de enero de 1839 con Emma Wedgwood, con quien tuvo diez hijos y con quien vivió hasta su muerte.

Cuando tomamos una decisión, casi siempre lo hacemos sin pensarlo, de forma automática, rápida y sin esfuerzo. La mayoría de las decisiones que creemos que tomamos «racionalmente» en realidad las tomamos de forma instintiva.

Con frecuencia preferimos pensar que son fruto de largos razonamientos, incluso cuando no es así o, al menos, no del todo.

Imagina, por ejemplo, que te has gastado 85 euros en ese par de zapatillas deportivas que habías visto en el escaparate cuando tenías exactamente 85 euros ahorrados.

Te gustaban un montón, pero no solo te has quedado sin los 85 euros con los que podrías haber comprado 5 ejemplares de la Enciclopedia Juvenil para Mentes Curiosas para estar más cerca de obtener el diploma de ENCICLOPEDISTA CURIOSO y derrotar a todos tus amigos con tus conocimientos (esto se llama *product placement,* y hablamos de ello en el libro sobre la economía), sino que, sobre todo, las zapatillas te hacen daño en los pies. Como no puedes cambiarlas, ¿qué puedes hacer?

Sea cual sea tu elección, habrás construido una historia que te parezca lógica solo para ocultar el hecho de que tu instinto ha funcionado estrepitosamente mal.

Pero ¿por qué prefieres este camino tortuoso en lugar de decirte a ti misma que has vuelto a meter la pata?

Todos somos orgullosos y nos gusta pensar que nuestro instinto es infalible. También tememos que si no nos fiamos primero de nuestro instinto, ya no nos podremos fiar de nosotros mismos.

La verdad es que cuanto más aprendas a reconocer dónde funciona tu instinto (por ejemplo, para saber con quién ir a jugar) y dónde no (al elegir las zapatillas), más podrás confiar en él.

Y en ti, porque empezarás a saber cuándo debes usar el INSTINTO y cuándo la lógica.

GLOSARIO

INSTINTO deriva del latín *instinctum* ('impulso, instigación') y de *instinguere* ('instigar, estimular') o *instingere* ('pinchar en el interior'). Antes de que uses la razón, te pincho para que actúes impulsivamente.

La invención del miedo

Todos tenemos miedo, tarde o temprano.

Y, por culpa de las neuronas espejo, también tenemos miedo porque imaginamos el miedo de los demás.

Así, cuando ves esa serie en la que dos chicos huyen por el bosque, perseguidos por el Demogorgon, te identificas con ellos.

Estás sentada cómodamente en tu sofá, frente al televisor, pero ahora te da por moverte más de lo necesario, tienes frío, la garganta seca, estás incómoda, tensa y asustada, aunque nada de lo que ves es real.

El miedo es una respuesta muy sana producida por tu cerebro. Así que no tengas miedo de tener miedo, al contrario: desconfía de quien finge no tener nunca miedo. O de aquellos que realmente no lo tienen. El miedo es la respuesta a un peligro evidente, descriptible y medible.

He aquí un ejemplo:

1. Tienes que cruzar un camino rural.
2. Tienes que cruzar con el semáforo en verde.
3. Tienes que cruzar una autopista.

La acción es la misma, pero la situación es diferente.

1. Como tus abuelos viven en el campo, ya tienes práctica en cruzarlo. Sabes muy bien cómo hacerlo y lo cruzas sin pensar.

2. Te han enseñado a pasar siempre cuando veas la luz verde del semáforo; así, si está en rojo, tienes miedo de cruzar (y si otra persona cruza en rojo, sientes miedo por ella).

3. Una noche, el tío Silvio te aterrorizó con la historia de cómo arriesgó su vida cuando se quedó sin gasolina en la autopista. Coches a toda pastilla, bocinas que no paraban de sonar, pánico total. Aunque el relato era falso, te ha quedado un miedo brutal y jamás osarías cruzar una autopista.

Precisamente gracias al miedo puedes aprender a sopesar lo que te rodea y lo que se te presenta, lo desconocido y peligroso, y evaluar así hasta dónde puedes llegar.

El miedo se puede gestionar: puedes pedir a tu cerebro que entienda por qué tienes miedo y, en consecuencia, usar pequeños trucos para tener un poco menos (como bajar el volumen del televisor de 54 a 12: así los gritos son más suaves y sientes menos miedo). Un buen ejercicio es recordar muchas cosas que antes te atemorizaban y ahora te parecen tonterías: la primera vez que montaste en bicicleta lloriqueabas en cada bajada. Ahora eres un rayo. La primera vez que te bañaste en el mar lloraste durante una hora. Ahora lloras si intentan sacarte del agua.

Otro antídoto contra el miedo es la risa: una película que te haga reír puede atenuar tensiones y temores. Y es que nada funciona mejor que saber reírse de uno mismo; es casi un superpoder contra todos los miedos.

Sueños de un seductor

Es una famosa película (su título original es *Play It Again, Sam*) escrita y protagonizada por Woody Allen, que interpreta a un cobarde desafortunado. Es obvio que los miedicas no son valientes, pero ¿qué es la valentía? Es esa fase de transición que te lleva a superar el miedo. Son tus ganas de arriesgarte, porque imaginas que lograrás algo hermoso e importante, algo que deseas.

Nadar y bucear para disfrutar del fondo marino es más bonito que quedarse en la orilla escuchando cómo se queja tu tía Lucía del mar; recorrer los caminos a toda velocidad en bicicleta es más divertido que caminar con tu tía Lucía escuchándole quejarse de la montaña.

¿Hay alguna manera de entrenar a tu cerebro para que sea más valiente?

¡Pues claro! De forma gradual, con determinación y mucha práctica. La gradualidad quizá sea el ingrediente fundamental, aquel para el que tu cerebro fue programado.

La determinación debes ponerla tú.

El coraje activa este mecanismo de «querer intentarlo» que forma parte del crecimiento, es el estímulo que te lleva a hacer cada vez un poco más y un poco mejor. Si te parece que tu hermanita es más valiente que tú y que se lanza a todo es porque aún no ha descubierto el miedo, pero no la ayudas si la proteges de todas las cosas malas. Permítele explorar las cosas poco a poco y así dejarás que crezca.

Todos nos hacemos daño. Todos nos equivocamos. Todos nos asustamos. Pero no se puede tener miedo del miedo. El miedo, el error y el dolor pasan. Lámete las heridas y lánzate de nuevo. Más veloz que antes.

La habitación de las emociones

La zona del cerebro en la que se desarrollan los miedos y la valentía se llama *amígdala* y cumple diversas funciones: contribuye al sistema límbico; tiene un papel clave en la formación y la memorización de recuerdos asociados a sucesos emotivos; es responsable del llamado *condicionamiento del miedo*; participa en la elaboración de los estados emocionales y, por tanto, además del miedo, en la elaboración de la ira, la felicidad, la tristeza, etcétera, favorece el recuerdo de lo que ha causado dolor. Por tanto, la amígdala te sugiere lo mejor que puedes hacer para no meterte en problemas y cómo comportarte cuando un peligro se cierne sobre ti (es decir, cómo saber hasta qué rama del árbol puedes trepar sin que se rompa y cómo calmar a tu tía Lucía cuando se entere de que has vuelto a subir tan alto). Y para ello digamos que funciona como el timbre de una alarma.

Además, también actúa como tranquilizante después de que hayas sufrido un pequeño «trauma» («¿Lo ves? Te has caído del árbol. ¡Te había dicho que tuvieras cuidado!»), activando neuronas «calmantes».

Tienes unos cuantos moratones y te has pelado una rodilla. Quizá hoy ya no vuelvas a trepar por las ramas, pero mañana te sentirás con ganas de volver a hacerlo.

Sin la amígdala, las personas correrían el riesgo de vivir reprimidas por sus miedos. De hecho, aquellas que padecen ansiedad o fobias suelen tener una amígdala que funciona mal o, con el tiempo, han memorizado información incorrecta en sus neuronas espejo.

Los miedos de algunos niños, por ejemplo, son consecuencia de una atención excesiva por parte de quienes se ocupan de ellos. Si a un niño están continuamente avisándole y frenando en sus actividades espontáneas con la idea de que existen peligros más o menos reales pero constantes (el famoso «¡Cuidado aquí!, ¡cuidado allá!»), tendrá más probabilidades que otros niños de padecer ansiedades y miedos.

De manera que sí: tu cerebro no solo puede aprender a ser valiente, tranquilo y mesurado. También puede aprender a tener miedo. Conociendo la idea del miedo.

LOS PATINES de Patty

¡NO LOS APROBAMOS!

GRRR.

¿DE DÓNDE VIENEN LAS IDEAS?

Las ideas lo son todo.

Y lo son porque somos (o deberíamos ser) curiosos.

Y menos mal que es así.

Las ideas son simples y complicadas al mismo tiempo: son imposibles de entender antes de que alguien las haya tenido, y obvias un momento después.

Nuestra historia está llena de ideas, unas buenas y otras no tanto. Ideas, una tras otra. Siempre se nos han ocurrido nuevas ideas.

Es imposible saber cuándo llegan.

Los seres humanos inventaron la rueda hace mucho tiempo (hacia el año 3500 a. C., en Mesopotamia) y luego tardaron más de cinco mil años en poner una delante de otra y fabricar la primera bicicleta.

Sin embargo, para nosotros, ¿qué es más fácil de usar que una bicicleta?

Curiosos en la justa medida

La curiosidad es el motor de las ideas: incluso los animales la usan para encontrar comida, descubrir cosas nuevas, elegir pareja y preparar técnicas para evitar a los depredadores. Ser curioso, tener una idea, muchas veces lleva a querer compartirla, a desear que otras personas también se sirvan de ella.

Piensa en el mito de Prometeo, que roba el fuego a los dioses: Prometeo arriesga su vida y, cuando lo descubren, termina siendo horriblemente castigado. Pero una vez que la idea del fuego y su conocimiento ya han salido de la casa de los dioses, los hombres pueden usarlo.

Sin embargo, para animar nuestra vida, la curiosidad debe ser inteligente o, de lo contrario, corre el riesgo de tener consecuencias nocivas y estúpidas. Volviendo a los mitos, piensa en la historia de Ícaro: su curiosidad por volar cerca del Sol fue tanta que este derritió sus alas de cera. Y eso que su padre le había avisado.

Las tres formas de la creatividad

¿Alguna vez has oído hablar del *brainstorming* (tormenta de ideas)? Es un método de trabajo según el cual un grupo de personas alrededor de una mesa lanzan libremente propuestas y de estas, tarde o temprano, surge una idea brillante. A menudo se piensa que la creatividad nace de un proceso confuso e instintivo, pero, en realidad, cuando tienes que crear algo, tu cerebro se activa de tres formas diferentes, como si en tu cabeza tres amigas parlanchinas estuvieran discutiendo cómo afrontar la situación. No sabemos bien cómo funciona la cosa, pero lo cierto es que tu cerebro no aplica el método de la tormenta de ideas; al contrario, para intentar tener una idea brillante, procede con gran orden.

1. EXECUTIVE ('ejecución'), o sea, la amiga concentrada.

La primera de las tres amigas creativas, Executive, se activa cuando estás atenta y concentrada porque quieres alcanzar un objetivo:

se pone en el estado de «atención focalizada», que es el que necesitas para resolver un determinado problema o para chutar un penalti.

2. IMAGINATION ('imaginación'), o sea, la amiga fantasiosa.

A la segunda, Imagination, le encanta construir grandes imágenes mentales de cosas pasadas, proyectos futuros, conceptos que aparentemente no tienen nada que ver con tu problema. Imagination está muy relacionada con Empatía. Suelen hablar mucho, a veces cuando es necesario que Empatía imagine lo que otras personas están pensando, a veces cuando Imagination necesita que Empatía le aconseje acerca de cómo podrían sentirse otras personas.

3. SALIENCE ('ordenación'), o sea, la amiga ordenada.

La tercera amiga se encarga de ordenar los pensamientos sugeridos por Imagination, del más importante al menos importante (no en vano, *salience* significa 'relevancia'), en lo que se llama *flujo de consciencia*. Y también se ocupa de todo lo que, mientras estás pensando, pasa ahí fuera (es decir, en el entorno en el que estás); por eso, para tener grandes ideas, es importante pensar en el lugar correcto.

Las tres tienen su propia manera de discutir: en primer lugar, una vez decidido que hay que llegar a una idea, Executive cede la palabra a Imagination. Si se va demasiado por la tangente, con pensamientos que no tienen nada que ver, Salience se encarga de volver a ponerla en su sitio. Y, al final, cuando algo parece útil, Executive vuelve a tomar el mando y lo comprueba. Si supera la comprobación, ya tienes tu idea.

El pensamiento lateral

Intenta solucionar este problema.

Hay cuatro niñas y tres triángulos y cada niña debe tener cabida en un triángulo.

¿No es posible?

Venga.

Intentémoslo otra vez.

Pon 18 cerillas (o palillos) en el suelo y haz esta operación:

Obviamente, es incorrecta.

Ahora intenta arreglarla moviendo solamente una cerilla.

¿Te estás preguntando qué tipo de problemas son? ¿Y cuál es la solución, si es que la hay?

Todo se debe a que no has usado el pensamiento lateral.

¿Lo ves? Continuabas moviendo solo las niñas y no los triángulos.

¡Pero las matemáticas no son una opinión!

Cierto, pero incluso en el problema de la suma improbable tienes tres posibles soluciones... no matemáticas:

1. puedes tomar la cerilla horizontal que forma el signo + y ponerla en el 6, para que este se convierta en un 8. El signo + pasa a ser un – y, por tanto, tenemos 8 – 4 = 4;

2. mueves una cerilla del 6 para transformarlo en un 0 y obtienes: 0 + 4 = 4, y

3. tomas una cerilla del 6 para añadirla al último 4, modificando la suma: 5 + 4 = 9.

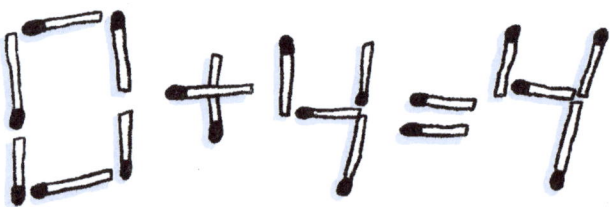

Por último, intenta resolver este otro problema: siete amigos están en el bosque haciendo un pícnic. Llega la hora de comer fruta y tienen una cesta con siete manzanas. Todos se sirven, pero en la cesta queda una manzana. ¿Por qué?

¿Imposible? No. Hay muchas soluciones: dos amigos solo querían media manzana y la han compartido; una manzana estaba podrida y se ha quedado en la cesta; uno de los siete amigos la ha tomado, luego se lo ha pensado mejor y la ha vuelto a dejar en la cesta; el pícnic se hacía bajo un manzano; uno de los siete ha tomado una manzana, estaba a punto de morderla cuando ha aparecido una abeja que lo ha asustado, por lo que ha huido y ha dejado la manzana en la cesta; ha venido un dragón y ha calcinado a uno de los siete amigos...

Acabas de ver tres ejemplos del mismo tipo de razonamiento, llamado *pensamiento lateral*, que aborda las cuestiones de forma creativa, observándolas desde diferentes puntos de vista: en el primer caso, con respecto a las reglas del problema; en el segundo, en relación con su forma visual; en el tercero, con respecto a cómo se pueden contar las cosas.

Y ahora ya estás lista para dormir plácidamente.

¿POR QUÉ TENGO QUE DORMIR?

El sueño es uno de los misterios más grandes y placenteros de la vida.

Conocemos sus mecanismos fundamentales, pero aún no sabemos por qué esta recarga de energía es tan importante ni cómo influye en tu estado de ánimo. El más grande de los neurocientíficos (es decir, las personas que estudian el cerebro) y tu abuela te pueden decir lo mismo sobre el sueño: si duermes mal, todo te parecerá más difícil al día siguiente.

Hay quien presume de dormir poco, pero eso no es una ventaja, sino todo lo contrario. El sueño no es una pérdida de tiempo, ni solamente el momento en que las principales funciones de tu organismo se toman un descanso, el cerebro suspende parte de sus pensamientos, el corazón late más despacio, los pulmones disminuyen la frecuencia respiratoria, tú consumes menos oxígeno y tu metabolismo se reduce de un 10 a un 15 por ciento.

Es también una fase de laboriosa construcción, en la que el organismo sintetiza proteínas y ácidos nucleicos (los ladrillos de tu ADN), las hormonas se ponen en circulación, el cerebro asimila y memoriza comportamientos aprendidos durante el día y los músculos descansan y se relajan. Toda la maquinaria de tu cuerpo acumula valiosas reservas de energía.

Las personas que duermen bien son más longevas, enferman menos y padecen menos diabetes, obesidad e infartos. Quienes duermen poco y mal tienen el triple de riesgo de sufrir un infarto y cuatro veces más riesgo de padecer depresión, discuten con más frecuencia, están insatisfechos y son pesimistas.

Pero ¿qué significa dormir bien o dormir mal? En cuanto a dormir mal, nos podríamos explayar, puesto que se han identificado casi doscientos trastornos del sueño.

Cuando se trata de dormir bien, cada uno tiene reglas y necesidades diferentes, y debemos aprender a prestarles atención. Para empezar, la cantidad: ¿cuántas horas deberías dormir cada noche? Depende de tu edad.

SUEÑOS DORADOS

Los antiguos griegos crearon incluso un dios del sueño, Hipnos, que los romanos llamaron Somnus.

Los fenicios disponían de un amuleto especial que garantizaba noches tranquilas y lo tenían junto a la cama o lo llevaban en el cuello.

Los nativos americanos todavía fabrican unos armazones de hueso, pieles y plata para capturar las pesadillas, que cuelgan sobre los camastros y sacuden de vez en cuando.

En el folclore anglosajón, el rey del sueño, Sandman ('el hombre de la arena'), organiza los sueños y le encantan aquellos que dan miedo.

¡ESTA NOCHE NO HE PARADO DE CONTAR OVEJAS!

¡HIPNOS! ¡A MI DESPACHO!

El VAMPING es la moda de quedarse despierto por la noche, charlando o viendo vídeos, como vampiros modernos. Puede sucederte alguna vez, pero constituye una mala costumbre. Al anochecer, es mejor apagar el wifi y desconectarse de las pantallas un poco antes de acostarse.

Normalmente, un anciano tiene bastante con cinco o seis horas, un recién nacido duerme hasta dieciséis, y tu hermanita, hasta los cinco años, como mínimo entre diez y doce.

Durante la adolescencia es importante dormir al menos nueve horas; después de los veinte años, ocho podrían ser suficientes, pero no te recomendamos que duermas menos de siete todas las noches. ¡Nada de VAMPING!

Así, dormimos entre dos y tres horas menos que nuestros antepasados, una costumbre que hemos adquirido hace muy poco tiempo, en concreto desde que, hacia mediados del siglo XIX, se generalizó la luz artificial (primero con las lámparas de gas y, luego, eléctricas), las calles se volvieron más seguras y la gente empezó a tener vida nocturna.

Y ahora apaga esa luz y a dormir, ¿vale?

¿Qué me pasa mientras duermo?

Quizá cuando has intentado dormir en la misma cama con tu hermana te has dado cuenta de que el sueño no es estático (y de las patadas de tu hermana).

El sueño tiene ciclos que se alternan con cierta regularidad y estos se componen de dos estados fundamentales: el sueño no REM (o NREM) y el sueño REM.

REM es la sigla en inglés de *Rapid Eye Movement* (movimientos oculares rápidos) y es un estado en el que, debajo de los párpados, los ojos se mueven muy rápidamente, como si estuvieran siguiendo el vuelo de una mosca en la habitación. En cambio, en los estados NREM, los ojos están quietos.

El sueño NREM se divide en cuatro fases.

Fase 1: es el adormecimiento, cuando te relajas y pasas de la vigilia al sueño.

Fase 2: es el sueño ligero, el momento en que aparecen los «husos del sueño» (sus ondas sinusoidales caracterizan esta fase a medio camino entre la realidad y la fantasía).

Fases 3 y 4: el sueño profundo, cuando tu cerebro presenta el menor grado de actividad.

Y, entonces, llega el sueño REM, que es una fase muy extraña, en la cual tu mente está casi tan activa como cuando estás despierta, pero tú no te das cuenta y todo tu cuerpo está quieto, dormido.

Es sobre todo en esta fase cuando sueñas. Mueves los ojos y la mayoría de tus músculos están como paralizados.

Tras el estado REM, el ciclo vuelve a empezar en la fase 2.

Cada ciclo de sueño dura de sesenta a noventa minutos, y esto significa que para completar cuatro buenos ciclos de sueños, debes dormir al menos seis horas (¡pero tú has de dormir mucho más!).

CÓMO DUERMEN LOS ANIMALES

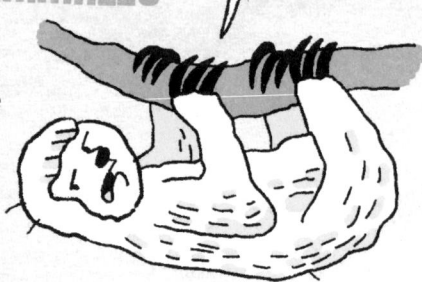

¡OH, NO! ¡SE ME HA CAÍDO LA ALMOHADA!

PEREZOSO

Duerme entre diecinueve y veinte horas, meciéndose y colgado de los árboles. Como los pájaros, las garras de sus patas se aferran automáticamente a las ramas.

CHIMPANCÉ

Duerme más o menos como tú, unas nueve horas, con un estado REM y, si puede, en los árboles.

MURCIÉLAGO

Duerme boca abajo durante casi veinte horas y se despierta al anochecer para salir a cazar. Duerme tanto solo como en grandes grupos, colgado de árboles o en las cuevas.

¡TONI, APAGA LA LUZ

AVES MIGRATORIAS

Duermen mientras vuelan, solo una mitad del cerebro cada vez, incluso a diez mil metros de altura.

DELFÍN

Al dormir, los delfines solo «desconectan» un hemisferio (mantienen un ojo abierto y cierran el otro, el opuesto al hemisferio que está dormido). Para mayor seguridad, suelen dormir en parejas mientras nadan uno al lado del otro. El sueño dura unas siete horas, pero los jóvenes pueden llegar a dormir doce horas, sin parar de nadar, quizá para no perder calor.

CABALLO

Se dice que duerme de pie... La verdad es que es capaz de descansar incluso estando de pie, pero realmente duerme cuando puede tumbarse de lado. Para relajarse a cuatro patas, en las extremidades posteriores tiene unos ligamentos especiales que, alternándose entre la pata derecha y la izquierda, bloquean la posición erguida.

LA CIENCIA DE LA SIESTA

La Constitución china reconoce el derecho a la siesta (*xiuxi*), y en Japón se está convirtiendo en una práctica habitual. En España y México es una institución: una cabezada que comprende las fases 1 y 2 del sueño NREM, de unos veinte a veintidós minutos, que restaura y fortalece la energía física y mental.

> ¡MI CABEZA ESTÁ HACIENDO LA SIESTA!

¿Qué son los sueños?

Si lo supiéramos con exactitud, los sueños no estarían envueltos en tanto misterio. ¿Son los sueños un aviso, un mensaje de algo que podría ocurrir? ¿El surgimiento de un deseo? ¿Un recuerdo? ¿Un conjunto de miedos?

En este último caso, más que de sueños, se trataría de pesadillas, que los antiguos romanos atribuían a unos demonios que llamaban *incubi*, que yacían sobre nosotros para afligirnos con sus angustias, «incubando» nuestras penas.

Los sueños son esto y mucho más. A veces son claros y detallados; otras, absurdos y extraños. Soñamos en todas las fases del sueño, pero los sueños más complejos son los que ocurren durante el estado REM.

En general, es más fácil recordar los sueños de la última fase del sueño, la que es interrumpida por el despertador, o los que se sueñan durante el fin de semana o las vacaciones. El secreto para recordarlos es repetirlos enseguida en voz alta en cuanto te despiertes o escribirlos en un cuaderno que hayas dejado para ese propósito en tu mesita de noche.

Sin embargo, si al abrir los ojos te levantas de inmediato, vas al baño, te quitas el pijama, subes la persiana y desayunas, perderás el recuerdo del sueño. Ya sabes, es tan evanescente como una estrella; tienes que retenerla mientras brilla.

Desde finales del siglo XIX, la psicología y la psiquiatría se han dedicado de forma exhaustiva a la interpretación de los sueños: todo lo que sucede en nuestra cabeza tiene un motivo, nada sucede por casualidad...

HE SOÑADO QUE HABLABA CON MI CEREBRO. ¿QUÉ SIGNIFICA, DOCTOR? ¿ESTOY LOCA?

UHM...

¿SE PUEDE MEDIR LA INTELIGENCIA?

Para ti, ¿quién es un genio?

¿Leonardo, Mozart, Hedy Lamarr (la actriz que contribuyó a la invención de los teléfonos móviles)? ¿Albert Einstein? ¿Y por qué no Rafa Nadal? ¿O Lady Gaga?

¿No son geniales también?

A todos nos gusta la idea de serlo de vez en cuando, pero es muy difícil definir qué es un genio.

Hay premios que nos ayudan a recordar a las personas excepcionales en los diversos campos en los que han trabajado. Los Nobel de Economía, Química, Física, Literatura, Medicina y Paz. Los Oscar, para las grandes actrices y los grandes actores. La Medalla Fields, para brillantes matemáticos.

Por qué premiar a unos y no a otros es una discusión que se repite cada año, precisamente por el hecho de que no hay recetas ni ingredientes, ni requisitos claros.

De la misma forma, las pruebas que se suelen usar para determinar el nivel de inteligencia suelen, como mucho, evaluar uno de los componentes de expresión del cerebro: la lógica.

Pero también tenemos la inteligencia motriz, la inteligencia deportiva, que se premia con el Balón de Oro al mejor futbolista del año o con las medallas olímpicas para los mejores deportistas.

¿Cuentan o no?

Empezamos al mismo nivel

Cuando nacemos, todos los cerebros son iguales y, en términos de volumen, lo siguen siendo una vez que hemos crecido (la media mundial es de 1.450 cm^3). Aunque hayamos conservado el de Einstein, no existe un cerebro para el genio y otro distinto para el menos dotado.

Desde el primer día de vida (y quizá ya desde la gestación), lo que marca la diferencia son los estímulos que recibimos: cuantas más cosas diferentes nos suceden, más se desarrollan nuestras neuronas y más se conectan entre sí.

Por tanto, cuantas más cosas hagas con tu hermanita, cuantas más cosas le digas, cuanto más tiempo pases jugando con ella, más la ayudas a estimular su cerebro. Los primeros años de vida son fundamentales, tanto como ir a la escuela, para seguir conectando neuronas entre sí.

¡Y no resoples tanto! Piensa que hasta hace solo cien años, media Europa no enviaba a los niños a la escuela. Y tienes mucha suerte, porque incluso hoy en medio planeta la gente no va a la escuela.

ESE GENIO DE TAXISTA

Lo llaman *The Knowledge* ('el conocimiento') y es considerado uno de los exámenes más difíciles del mundo. Los taxistas de Londres tienen que aprobarlo y, para ello, deben conocer a la perfección y de memoria todas las calles de la capital inglesa. El resultado: los taxistas que lo han pasado han desarrollado la zona del cerebro llamada *hipocampo* (la que controla la memoria) más que nadie. Aprender a usar la memoria «espacial», con los mapas y orientándose, es una buena forma de espabilar el cerebro. Mucho más que con las apps del móvil.

Tontos por naturaleza

Cuando naces, tu cerebro es de un 60 a un 65 por ciento de lo que será en la edad adulta: ¡ya tienes una cabeza considerable!

Durante el primer año crece mucho, a los siete prácticamente ha terminado de desarrollarse y se fortalece hasta los diez años.

Así que cuando el escritor J. M. Barrie, el creador de Peter Pan, escribió que no nos pasa nada realmente importante después de los diez años, tenía buenas razones para ello.

Cuando a tu hermanita, sentada en la trona, se le cae la cuchara al suelo, está estudiando la ley de la gravedad;

EL COCIENTE INTELECTUAL

Para medir la inteligencia de las personas se inventaron los test de inteligencia, que calculan el cociente intelectual (CI), un valor que varía más o menos entre 85 y 115 para gran parte de la población y que, de hecho, no es una unidad de medida demasiado fiable. Las personas que obtienen resultados de CI más altos suelen ser las que están más acostumbradas a hacer este tipo de pruebas, es decir, que resultan ser más inteligentes quienes están acostumbrados a hacer test para ver si son más inteligentes.

¡A CARLOS LE QUEDAN 8 CONEJITOS ROSAS!

SCRIB SCRIB

cuando chapotea en la bañera, estudia la dinámica de fluidos para comprender cuánta agua se vierte dependiendo de cuánto bracea. No es más que experiencia, que se convertirá en inteligencia.

Así que no la regañes constantemente. Déjala que pruebe (sin inundar la casa).

La parte del cerebro que recopila las experiencias útiles para evaluar diversas situaciones y sus consecuencias se desarrolla hasta los veinte años. Por eso a veces los adolescentes asumen riesgos o hacen estupideces, porque están construyendo un mapa de las consecuencias de sus acciones. A los catorce años, una es capaz de conducir un coche, pero no se le permite hasta los dieciocho, para que se dé cuenta de las consecuencias de hacerlo mal.

Por tanto, decir que está «fisiológicamente» previsto que en la adolescencia hagas tonterías no es ninguna excusa, pero tiene algo de verdad científica.

¿CÓMO SE APRENDEN LAS COSAS?

De muchas maneras.

Hay cosas que ya están escritas en tu cerebro y que llevas contigo como equipaje genético. Otras que te parece que sabes desde siempre, pero que en realidad te fueron transmitidas cuando eras muy pequeña (como la manera de sujetar un vaso para beber).

Los ratones de campo huyen en cuanto huelen un zorro, aunque nunca hayan visto uno. Esta información (el olor del zorro asociado a tener que huir) se transmite de una forma que aún no hemos descubierto, pero que para ellos es muy clara. Si a dos ratones recién nacidos los separas de sus madres, dejas que crezcan aislados y después colocas junto a ellos dos trozos de papel absorbente, uno con olor a plátano y otro con olor a zorro, verás que olerán el primero con curiosidad, pero basta con que les acerques el olor del zorro para que huyan y se escondan, con el corazón latiendo a mil por hora.

¿Cómo es posible? ¿De quién lo aprendieron?

El olor a zorro es una molécula en el aire. El viento la mete en el hocico del ratón y la molécula estimula una neurona receptora. La señal llega al cerebro y, sin vacilar, es enviada a la amígdala, que es la parte del cerebro que se activa cuando tenemos miedo. La amígdala alerta a todas las neuronas encargadas de la defensa; es la que hace que salgas huyendo, que saques las uñas, que gruñas, que se te pongan los pelos de punta (si tienes) y que intentes reaccionar.

Así, para el olor del zorro existe un camino preestablecido que lo conecta con el miedo, sin que el ratón se haya topado jamás con uno.

¡OLOR ENEMIGO!
¡INICIAR PROCESO DE RETIRADA!

UEEEEEEEEEE

Y, como el ratón con el zorro, nosotros también tenemos una gran cantidad de información innata que vamos descubriendo poco a poco.

Tu cerebro crece, pero incluso cuando está completamente formado, nunca deja de aprender.

Aprende una cosa cada día

Desde la época de los grandes pensadores de la antigua Grecia, sabemos algo con certeza: quien intenta aprender algo tarde o temprano lo consigue. Incluso tu tío, tarde o temprano, conseguirá aparcar marcha atrás. Y tú, a cocinar. Para ello, confía en ti y date tiempo.

La perseverancia y el esfuerzo diario marcan la diferencia.

Lo habrás notado en clase, observando a tus compañeros: los hay que aprenden rápido, otros van más lentos, en tal o cual materia. Pero, en realidad, no hay nadie que no sea bueno en algo (¡ya sea en la escuela o en otra parte!).

«No hay nadie que no sea bueno en algo.»

Quien tiene dos padres de diferentes nacionalidades o quien marchó de un país a otro siendo pequeño encuentra completamente normal hablar dos idiomas. ¡Qué suerte!

Sin embargo, con un poco más de esfuerzo, tu cerebro podrá aprender un nuevo idioma, incluso cuando seas muy mayor.

¿Quieres ejercitar tu cerebro y aprender? Sigue nuestros dos consejos de oro y no te arrepentirás.

El primer consejo que nos ha funcionado bien como especie es este: aprende en compañía.

Los seres humanos somos cooperativos por naturaleza. En la época en la que llegar a los cuarenta o cuarenta y cinco años era posible solo para pocos afortunados, la mayoría lo lograba en grupo. Aprendían y se defendían juntos.

Está científicamente comprobado que quien aprende en grupo, quien acepta desafíos, quien no se avergüenza de pedir ayuda, tiene un cerebro más preparado y veloz que los demás.

¿Lista para el segundo consejo? Intenta divertirte.

Si asocias una nueva noción a un momento agradable, también aumenta la cantidad de proteínas útiles para crear las sinapsis que refuerzan ese nuevo conocimiento y lo guardan en tu interior de forma más duradera.

¡JA, JA, JA!

Aprender de memoria produce un saber efímero, compuesto de nociones volátiles (un poco como pegarse unos cuantos pósits en el cerebro).

Aprender divirtiéndose o con una presión inteligente (¡ponte a prueba contra ti misma!) produce un saber mucho más sólido y elástico, ese saber que surgirá en el momento adecuado, cuando quizá tengas un problema que resolver, y entonces sabrás la solución sin ni siquiera recordar cómo y cuándo la aprendiste.

Aprende a aburrirte

Puede que te parezca extraño, pero una buena dosis de aburrimiento es fundamental para aprender, así que pide a tus padres que te dejen tiempo para aburrirte.

Tu cerebro necesita estímulos, pero también tiempo para absorberlos. Y este tiempo es el del aburrimiento: cuando no hay nada que hacer y no tienes que hacer nada. Es ese momento del día en el que no estás obligada a relacionarte con nadie y puedes estar a tu aire: sin mensajes en el móvil, sin televisión, sin ordenador. Necesitas el vacío.

Deja que tu mente vague. Abre el armario, mira la ropa, recuerda cuándo la compraste, deambula por casa, abre los cajones de la cocina, imagínate preparando una receta, sal a dar un paseo sin un objetivo concreto. Cuando caminas es un buen momento para tener ideas, descubrir cosas que has aprendido y reflexionar con calma sobre ellas. Si tienes una bicicleta, no hay nada mejor que subirse al sillín y dar una vuelta, corta o larga, sin un destino real.

Todos tenemos el mismo cerebro

Y cuando decimos *todos*, es todos. Quizá hayas oído alguna vez que el cerebro de las mujeres es diferente del de los hombres y que las mujeres son mejores que los hombres para ciertas cosas y, los hombres, para otras. ¿Es eso cierto?

Hombres y mujeres no presentan diferencias reales ni en la organización ni en el uso de su cerebro. No hay «cosas más femeninas» ni «cosas más masculinas».

No es cierto que la genialidad sea propia de los hombres: mujeres y hombres pueden ser geniales de la misma manera.

En todo caso, lo que es cierto (aunque no tiene nada que ver con el cerebro) es que históricamente las mujeres han tenido menos posibilidades de ser escuchadas o recordadas como genios, pero han proporcionado a la humanidad el mismo componente de genialidad que los hombres: a veces directamente con sus investigaciones y en condiciones más difíciles que sus colegas, puesto que, como mujeres, no cobraban por investigar (como le ocurrió a Maria Goeppert-Mayer, premio Nobel de Física en 1963); a veces escondiéndose detrás de colegas que se atribuyeron el mérito de su genialidad (como Lise Meitner, que dejó toda una serie de descubrimientos a Otto Hahn); a veces haciéndose pasar por hombres (como la escritora George Sand, cuyo verdadero nombre era Amantine Aurore Dupin). Y si crees que eran prejuicios del pasado, pregúntate por qué la autora de *Harry Potter* firmó sus libros como J. K. Rowling, en lugar de Joanne.

Las diferencias entre las aptitudes de las personas y su forma de hacer las cosas dependen de una infinidad de combinaciones del entorno en el que crecieron, de lo que les enseñaron, de sus condiciones físicas, de la alimentación y de todas las normas de la sociedad en la que viven.

¿SE PUEDE ENGAÑAR AL CEREBRO?

¡Claro que sí! El cerebro se deja engañar con bastante facilidad.

Algunas veces ocurre con el consumo de sustancias denominadas *psicoactivas*, porque actúan sobre nuestro bagaje psíquico. Algunas, como el chocolate y la cafeína presente en el café, son completamente naturales. Otras, en cambio, son fabricadas o «sintetizadas» por el hombre.

La cafeína actúa sobre el cerebro, convenciéndolo para que aumente, entre otras cosas, la frecuencia cardíaca y la frecuencia respiratoria. Por eso se dice que el café «despierta» y algunas personas beben mucho, como el escritor Honoré de Balzac, que consumía hasta cuarenta tazas al día.

Pero lo que te proporciona el café es solo una sensación o, más bien, una falta de sensación. En efecto, al contrario de lo que se piensa, el café no te alivia el cansancio, sino que simplemente te da la sensación de no sentirlo. Lástima que después, cuando termina su efecto, aparezca el cansancio, de repente y bien fuerte.

PEQUEÑAS AYUDAS VERDES

Si existen sustancias que engañan al cerebro, en la naturaleza también hay muchas plantas que pueden ayudarlo. La albahaca, por ejemplo, no solo da a tu *pizza* un aroma indescriptible, sino que contiene un principio que tonifica y estimula el sistema nervioso. El té verde parece eficaz contra el cansancio mental y favorece la memoria. En Japón, donde se consumen grandes cantidades de esta bebida, algunos estudios han descubierto que el riesgo de tener problemas de memoria es un 30 por ciento inferior a la media de los demás países.

Alcohol y tabaco

Beber alcohol puede producir una sensación de euforia, sin embargo, cualquier bebida alcohólica se vuelve muy peligrosa si se toma en exceso (o, peor aún, si se combina con una bebida energética), porque el alcohol que contiene interfiere en el cerebro con los mecanismos transmisores de señales, alterando las capacidades (de pensamiento y movimiento), así como el estado de ánimo.

DES-CIFRAR

Más del 50 por ciento de los jóvenes de entre quince y treinta años consume habitualmente alcohol los fines de semana. Desde 1990 hasta hoy, cada año hay treinta nuevos fumadores por cada mil jóvenes de entre once y quince años, a pesar de que ya se conocen los daños asociados al tabaquismo.

Del mismo modo, la nicotina presente en el tabaco de los cigarrillos puede provocar una sensación inmediata de bienestar, pero, en realidad, a la larga, afecta al envejecimiento del cerebro, disminuye algunas capacidades intelectuales y, sobre todo, causa adicción, que es el mecanismo subyacente de las drogas.

Qué son las drogas

En general, llamamos *drogas* a las sustancias psicoacti-vas que pueden causar efectos muy graves e irreversibles en quien las consume. En muchos casos son ilegales justa-mente porque son peligrosas.

Sustancias sedantes. Algunas drogas «duermen» al sistema nervioso: tranquilizantes, somníferos, ansiolí-ticos (incluso «legales») calman y proporcionan un bienestar temporal. La morfina es un derivado del opio, una sustancia lechosa extraída de deter-minadas amapolas. Es un potente analgé-sico, por lo que se administra a pacientes terminales o a las personas que han su-frido accidentes graves. De la morfina se obtiene la heroína, una potente droga que da sensación de bienestar, pero que causa una adicción muy fuerte y un dete-rioro físico terrible.

Sustancias excitantes. Algunas drogas dan una sensación momentánea de fuerza y reducen la sensación de cansancio y de estrés. Como la co-caína, una droga natural producida en América del Sur a partir de las hojas de la planta de coca. Algunos de sus efectos son un rápido adelgaza-miento, paranoia, depresión y manías persecuto-rias. Además, de la cocaína se obtienen sustancias que pueden producir daños irreparables en el ce-rebro, como el *crack*. Incluso las drogas sintéticas, como el éxtasis, producen los mismos daños.

¡OTRA VE
ME ESTÁ
SIGUIEND

Sustancias alucinógenas. Un efecto común de muchas drogas es que ofrecen una percepción del mundo distinta de la realidad. Los alucinógenos más famosos son el LSD y la mescalina, muy usados en los años sesenta y setenta, que provocan que se confundan formas y luces, se altere la percepción de los colores e incluso que las acciones más peligrosas no se perciban como tales.

El hachís y la marihuana (la resina y la trituración de flores, hojas y tallos de la planta cannabis, respectivamente) son también drogas que alteran la percepción de la realidad. El hachís produce sensación de euforia, mientras que la marihuana actúa aumentando la relajación y la apatía. Ambas pueden provocar alucinaciones y tener un efecto perjudicial sobre la memoria.

El cerebro que engaña al cerebro

A veces el cerebro se mete en problemas él solo. Ya sabes que las ilusiones ópticas existen y que tu cerebro funciona en dos modos: el lento y el rápido.

El sistema 1, el rápido, basándose en asociaciones que ya ha observado, calcula de forma inconsciente, rápida y eficiente la probabilidad de que un suceso ocurra después de otro. Por ejemplo, cuando encuentras a alguien que se parece a otra persona, instintivamente esperas que se comporte de la misma manera. Estas opiniones preconcebidas se denominan *estereotipos* y, para refutarlos, debes aprender a confiar en el sistema 2, que te permite elaborar mejor tus ideas.

Los estereotipos son atajos automáticos que el pensamiento rápido usa para «excluir» al pensamiento lento (lo hace para que ahorres energía). Si un estereotipo es negativo, como cuando esperas que determinado tipo de persona actúe forzosamente de cierta manera, se convierte en un prejuicio.

Todos tenemos un cerebro que funciona mediante estereotipos: nos hacen falta para ser sociales, porque queremos interactuar con los demás y también crearnos expectativas sobre lo que podría pasar. Sin embargo, cada vez que los usamos, tendemos a notar principalmente los detalles y a acordarnos de la información que los confirma. Y así elaboramos un prejuicio, que es un doble engaño de nuestro razonamiento, puesto que, de hecho, es una consecuencia ya establecida del hecho de no haber razonado (por eso, a veces se dice que somos «adictos» a los prejuicios, porque aparentemente son la forma de pensar más fácil y satisfactoria).

¿PUEDE ENFERMAR EL CEREBRO?

A l igual que los cuerpos, algunos cerebros permanecen ágiles y jóvenes incluso en la vejez, mientras que otros se ven más afectados por el envejecimiento. A veces, el cerebro puede sufrir daños tras un accidente violento, un golpe en la cabeza, una mala caída, etcétera (y por eso es tan importante que te pongas el casco cuando vas en bicicleta). Otras veces se deteriora por el consumo de demasiadas sustancias nocivas, como acabamos de ver.

Pero también hay enfermedades neurológicas degenerativas, es decir, que empeoran con el tiempo.

Enfermedad de Alzheimer y Parkinson

Alzheimer y Parkinson son los médicos que identificaron por primera vez las dos enfermedades neurodegenerativas más frecuentes y que ahora llevan sus nombres.

La enfermedad de Alzheimer deriva en demencia, es decir, una pérdida progresiva de la memoria y de diversas capacidades intelectuales, y dificulta mucho todas las actividades cotidianas.

A la enfermedad de Parkinson también se la conoce como *parálisis agitante*. Sus causas son completamente desconocidas y se manifiesta con temblores y rigidez incontrolables de los diversos movimientos automáticos que normalmente maneja el cerebro y también con inestabilidad y falta de equilibrio. A pesar de ser uno de los campos de vanguardia de la investigación científica, hasta la fecha no se conocen curas, únicamente tratamientos para mitigar sus efectos.

GLOSARIO

ESTRÉS es una palabra que deriva del inglés *stress* ('esfuerzo, tensión') y que desde hace ya muchas décadas se usa como término médico para referirse a estados de opresión emocional. ¿Quién ha dicho que el estrés es de nuestros días?

El estrés

El ESTRÉS no es una enfermedad, pero a veces es como si lo fuera. Todas las personas podemos tener un cierto grado de estrés, ya que es una respuesta natural a las amenazas, pero ante situaciones más difíciles o crónicas, el estrés pasa a ser un estado de gran tensión mental, que puede provocar problemas físicos y psíquicos más graves. Seguro que has pasado por alguna situación estresante: una mudanza, un examen, tres meses de cuarentena sin salir de casa. Cuando estás estresada se liberan hormonas que aumentan la frecuencia respiratoria, los latidos del corazón y la contracción muscular, y estás mentalmente más reactiva, pero también agitada, sudorosa, tensa e irritable. A tu sistema 2 (el lento) le cuesta mucho activarte. Te sientes atrapada entre la indecisión y el nerviosismo. Un asco.

Para escapar de sus garras, intenta relajarte, come menos, de forma equilibrada, y duerme más. Y hay un arma secreta, que igual te hace poner mala cara, pero funciona: los mimos. El pequeño y constante afecto de cada día.

Los trastornos mentales

Tu cerebro es como un televisor con antena que recibe y transmite información constantemente, y en ocasiones, en cualquier período de la vida, estas transmisiones pueden verse perturbadas. A veces los trastornos son temporales; otras, crónicos, es decir, que no desaparecen. Pueden afectar a la forma de pensar, la concentración, la capacidad para resolver problemas o la forma en que manejamos los sentimientos y nuestro estado de ánimo general.

LOS SOMBREREROS LOCOS

En el siglo pasado se decía que muchas personas que se dedicaban a fabricar sombreros, especialmente de fieltro, se volvían locas. Por desgracia, no era una manera de hablar: la culpa era del mercurio, un elemento químico usado en las fábricas de sombreros, cuyos vapores, al ser respirados, interrumpían las conexiones entre las neuronas, impidiendo así que el cerebro de los sombrereros funcionara tal como lo hacía antes de dedicarse a este oficio.

Las causas de los trastornos mentales son muy variadas y muchas aún se desconocen: las personas esquizofrénicas no perciben la realidad como las demás, temen las conspiraciones o que las sigan, tienen alucinaciones, dialogan con personas inexistentes, etcétera. Otras personas padecen trastornos del estado de ánimo, como la depresión o el trastorno bipolar, que es una enfermedad caracterizada por cambios rápidos e inesperados de la conducta y el estado de ánimo.

Se calcula que alrededor del 8 por ciento de la población padece trastornos mentales graves, mientras que el 15 por ciento presenta formas mucho menos graves, definidas como malestar emocional. Los psiquiatras se ocupan de las formas más graves, que pueden tener consecuencias importantes para el organismo, mientras que los psicólogos se ocupan de las menos graves (las cuales, de todas maneras, son causa de sufrimiento para el paciente y su familia).

Isquemias y coma

Si una parte del cerebro no recibe suficiente sangre durante cierto tiempo y, por tanto, no recibe oxígeno ni glucosa, que son su gasolina, puede sufrir lesiones. Nos referimos a la isquemia, que también puede ser el resultado de un traumatismo.

Cuando se recupera la irrigación, puede pasar que la parte dañada del cerebro quede completamente inservible. Las consecuencias dependen de la zona afectada y las más frecuentes son problemas del habla o la parálisis de un lado del cuerpo, el opuesto al hemisferio más dañado. A veces, el paciente ya no puede mover bien una extremidad o los músculos de un lado de la cara. Aunque difícil, la recuperación es posible, y a menudo la probabilidad de recuperarse depende de cuánto se haya entrenado al cerebro en la recepción de estímulos y la elaboración de sensaciones y soluciones.

En cambio, el coma ocurre cuando la pérdida de consciencia se prolonga en el tiempo y el cerebro y el cuerpo quedan en una especie de suspensión, no responden a los estímulos y no hay forma de despertarlos. No están apagados, como cuando uno se muere, pero tampoco están despiertos. Es algo a medio camino. El coma sigue siendo un gran misterio. Puede ser un coma tranquilo, con el paciente completamente inmóvil, o uno agitado, en el que el cuerpo sea presa de constantes movimientos y temblores.

A veces el coma deriva en la muerte; otras, el paciente despierta, a menudo con recuerdos confusos o ensoñaciones. En algunos casos, la recuperación es rápida y total; en otros, mucho más agotadora, y la persona debe volver a aprender en la medida de lo posible las cosas que antes sabía hacer.

UN CEREBRO PLÁSTICO

No, no digo que tu cerebro sea de plástico, sino que es plástico, es decir, que se puede moldear y, si es necesario, adaptarse a las nuevas necesidades. Los científicos todavía están investigando si las neuronas que se «rompen» pueden ser reemplazadas (la llamada *neurogénesis*). Esto sucede en el ratón; quizá también suceda en nuestro cerebro adulto, pero aún no está claro. Seguramente, el cerebro es muy capaz de remodelarse según la experiencia, incluso cuando sea negativa, quizá debido a un traumatismo: quien pierde la vista aprende a «ver» de otras maneras, ejercitándose para usar mejor otras neuronas. Los niños tienen un cerebro enormemente plástico. Esta característica disminuye con la edad, pero se ha demostrado que en ciertos casos algunos adultos muy voluntariosos y tenaces han «requerido» a su cerebro que logre resultados formidables.

¡MÁS RÁPIDO, MÁS RÁPIDO!

15

¿CÓMO SERÁ EL CEREBRO DEL FUTURO?

Nuestro cerebro ha cambiado a lo largo de los años y continúa haciéndolo. En realidad, cambia cada día, como el cuerpo, que está en constante actividad regenerativa y produce unos veinticinco millones de células cada segundo.

Hay partes de ti que envejecen y otras que se reponen cuando es necesario. A veces puede hacerse (te pelas la rodilla y la piel, poco a poco, se va formando de nuevo), a veces no (papá está perdiendo el pelo), a veces más o menos (después de haberse caído otra vez por las escaleras, el abuelo cojea un poco).

El cerebro también se renueva: cuando somos jóvenes reemplazamos más o menos el 2 por ciento del hipocampo, la zona que controla la memoria, desechando literalmente nuestros malos recuerdos para dejar espacio a otros nuevos. Y, por supuesto, siempre tenemos nuevas ideas.

Aunque aún no entendemos totalmente cómo funciona nuestro cerebro, hemos avanzado mucho en crear uno completamente artificial, un cerebro que no tenga nada que ver con nuestro cuerpo.

El cerebro de los ordenadores.

Las máquinas inteligentes

La invención de internet, una red de miles de millones de ordenadores por todo el mundo, intercambiando miles de millones de piezas de información, fue fundamental para llegar al desarrollo de inteligencias artificiales (IA) como las de las novelas o las películas de ciencia ficción, que pueden reconocer objetos o participar en una conversación.

Asistentes virtuales como Alexa, Cortana o Siri ya han empezado a ser parte de nuestro día a día. Quizá sus respuestas nos parezcan muy simples. ¡A veces ni siquiera nos entienden!

Pero es sorprendente lo rápido que las aplicaciones de IA han mejorado gracias a las investigaciones sobre *deep learning* o aprendizaje complejo. ¡En cuantos procesos son ya insustituibles por su capacidad de elaborar grandes cantidades de datos en poco tiempo!

Con ChatGPT, por ejemplo, ya tenemos a nuestro alcance una herramienta que nos puede proporcionar mucha información ordenada y elaborada que nos ahorra grandes esfuerzos.

Sin embargo, según admiten sus pioneros, la IA es todavía bastante estúpida. Las máquinas no tienen experiencia y les falta todavía un ingrediente fundamental para poder tomar decisiones razonables. El *sentido común*. ¿Conseguirán las máquinas desarrollarlo en algún momento?

INTUICIÓN IMBATIBLE

Si bien es cierto que la inteligencia artificial mejora a pasos agigantados, a medida que las redes de superordenadores catalogan cada vez más información puntual (y luego la estadística hace el resto), es muy poco probable que algún día los ordenadores sean capaces de imitar una de las capacidades de tu cerebro: la intuición. ¿Cómo funciona? Es como si primero recogiera información sobre la lógica (y hasta aquí son las mismas «armas» de un ordenador), pero luego la filtrara a la luz de las emociones (dolor, placer, simpatía, molestia...) y de la experiencia individual. De momento, tanto las emociones como las experiencias individuales son datos que un ordenador no puede reconocer ni catalogar.

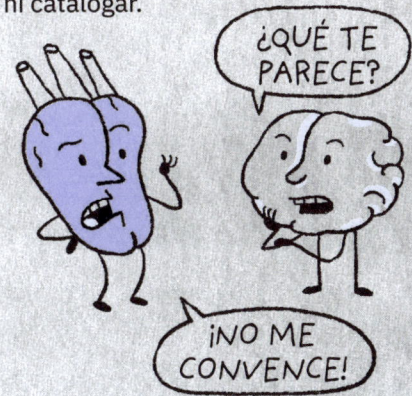

Cómo piensan las máquinas

Las máquinas siguen instrucciones de personas que les dicen cómo pensar. Estas instrucciones se llaman *algoritmos* y son estructuras matemáticas cada vez más complejas que sirven para programar su forma de razonar. Piensa en el algoritmo (muy secreto y en constante actualización) que permite que Google funcione: ¿cómo decide el buscador más conocido del mundo qué páginas te muestra primero, antes que las otras (y a ti en un orden diferente de como las muestra a uno de tus amigos)? Con un algoritmo.

El gran dilema de estos años es si las IA sabrán formular pensamientos abstractos y fuera de los esquemas para las que fueron programadas. ¿Aprenderán a pensar en cómo pensar? ¿O no y, en lugar de ello, pensarán cada vez más rápido, pero solamente dentro de las vías ya bien construidas?

CRONOLOGÍA
Historia del cerebro
PARTE 2

Hace 4 mill. de años

Lucy mira a su alrededor para decidir qué hacer: es nuestra abuela, una hembra de australopiteco que camina firmemente sobre dos piernas, tiene las manos libres y la cabeza sostenida por la columna vertebral.

Hace 2,1 mill. de años

Es el turno de *Homo habilis*: cabeza más grande y muchas ganas de hacer cosas con las manos.

Hace 2,8-3 mill. de años

Algunos australopitecos aprenden a tallar las primeras herramientas.

La perspectiva más preocupante es que aprendan a hacer ambas cosas, es decir, a razonar mejor y más rápido que quienes las han programado.

Es un tiempo de grandes descubrimientos y grandes oportunidades y, como en todas las épocas de cambio, el entusiasmo va acompañado de una pizca de miedo.

Hace 600.000 años

Es el turno de *Homo heidelbergensis*. Vive en África y en Europa y su capacidad craneal es parecida a la de los seres humanos modernos.

Hace 1,6 mill. de años

Nuestros antepasados aprenden a usar el fuego y a fabricar herramientas de madera. Todo ello hace que nuestro cerebro vuelva a crecer.

Hace 2 mill. de años

Lo sabemos: nunca se detiene. Es *Homo erectus*, que emigra hacia Asia, para descubrir el mundo y ver qué puede hacer.

Hace 200.000 años

Y por último llegamos nosotros, *Homo sapiens*, y ya nadie nos detiene. Compartimos el 98 por ciento del ADN con otros primates (gorilas, bonobos, chimpancés), pero ese 2 por ciento es puro genio. Úsalo bien.

¡SALUDOS Y HASTA LA VISTA!

Pues nada, aquí estamos.

Nos esperan unos años en los que la investigación sobre el cerebro y la inteligencia artificial dará pasos de gigante, en los que aprenderemos a practicar orificios diminutos, del tamaño de un cabello, para observar lo que sucede dentro de nuestra cabeza, o en los que construiremos sondas tan finas que podrán recorrer los capilares del cuerpo humano, como en la película de ciencia ficción *Viaje alucinante*.

Si es así, podremos descubrir lo que aún no sabemos (que es mucho) y derrotar enfermedades que actualmente son invencibles.

Aquí hemos visto que no hay diferencias de partida entre las personas del mundo, sino una serie infinita de circunstancias, coincidencias, buena suerte y adversidades. Hemos descubierto que todos nos engañamos, que vemos cosas que no existen y que los recuerdos son nuevas proyecciones de cosas que han sucedido.

Y que, por tanto, para nosotros, nuestro pasado es también nuestro futuro.

Ahora sabemos que el miedo es una idea y que el coraje es una disposición.

Sabemos que en todas partes, a nuestro alrededor, hay talento.

Y que no existe una definición única de lo que es el talento.

Hay talentos naturales y hay millones de personas que se esfuerzan para lograr sus objetivos y, al hacerlo, demuestran que poseen el talento de la dedicación, es decir, que realmente saben consagrarse a algo con pasión, enfocados en la meta.

Así es: chicos y chicas, se necesita pasión para que el cerebro funcione. No importa para qué. Tenéis que sentirla en vuestro interior para hacer lo que queráis y podáis con vuestra vida.

Y la pasión es...

¿Eh?

Hablamos contigo.

Pero ¿dónde te has metido?

Era de esperar... y es comprensible.

Sabemos que te has marchado a hacer otra cosa: has acabado el libro y tu pasión te llama.

Y quien tiene pasiones no pierde el tiempo.

ENCICLOPEDIA JUVENIL PARA MENTES CURIOSAS